INTERNAL CONTROL
OF PUBLIC INSTITUTIONS

事业单位内部控制

杨武岐　田亚明　付晨璐◎著

· 理解内部控制 ·

· 驾驭内部控制 ·

· 做实内部控制 ·

中国经济出版社
CHINA ECONOMIC PUBLISHING HOUSE
北京

图书在版编目（CIP）数据

事业单位内部控制／杨武岐，田亚明，付晨璐著．
—北京：中国经济出版社，2018.10
ISBN 978-7-5136-5424-1

Ⅰ.①事… Ⅱ.①杨…②田…③付… Ⅲ.①行政事业单位—内部审计—中国 Ⅳ.①F239.66

中国版本图书馆 CIP 数据核字（2018）第 245130 号

责任编辑　师少林
责任印制　巢新强
封面设计　华子图文

出版发行	中国经济出版社
印 刷 者	北京力信诚印刷有限公司
经 销 者	各地新华书店
开　　本	710mm×1000mm　1/16
印　　张	13.25
字　　数	220 千字
版　　次	2018 年 10 月第 1 版
印　　次	2018 年 10 月第 1 次
定　　价	68.00 元

广告经营许可证　京西工商广字第 8179 号

中国经济出版社　网址 www.economyph.com　社址 北京市西城区百万庄北街 3 号　邮编 100037
本版图书如存在印装质量问题，请与本社发行中心联系调换（联系电话：010-68330607）

版权所有　盗版必究 （举报电话：010-68355416　010-68319282）
国家版权局反盗版举报中心 （举报电话：12390）　服务热线：010-88386794

目 录

第一章 控制、管理与内部控制 ………………………… 1
    控制是一切事物存在的基础 ………………………… 1
    组织管理与控制 ………………………… 2
    外部控制与内部控制 ………………………… 3
    内部控制的发展阶段 ………………………… 3

第二章 事业单位内部控制的背景 ………………………… 12
    我国事业单位概况 ………………………… 12
    事业单位分类改革 ………………………… 14
    事业单位的业务活动特征和管理要求 ………………………… 16
    事业单位面临的主要风险 ………………………… 18
    事业单位内部控制制度及其发展 ………………………… 19

第三章 事业单位内部控制体系 ………………………… 35
    事业单位内部控制的概念解读 ………………………… 35
    内部控制的目标 ………………………… 36
    内部控制的原则 ………………………… 37
    风险评估 ………………………… 38
    内部控制方法 ………………………… 41

控制活动 …………………………………………………… 42
　　单位层面内部控制 ………………………………………… 43
　　业务层面内部控制 ………………………………………… 46

第四章　预算业务控制 ……………………………………… 47
　　预算业务控制的目标与内容 ……………………………… 47
　　组织与岗位控制 …………………………………………… 48
　　预算编制与审核 …………………………………………… 49
　　预算执行控制 ……………………………………………… 52
　　预算考核控制 ……………………………………………… 54

第五章　收入业务控制 ……………………………………… 61
　　事业单位收入的主要内容 ………………………………… 61
　　收入业务控制的目标和内容 ……………………………… 62
　　收入业务岗位控制 ………………………………………… 63
　　收入业务授权控制 ………………………………………… 64
　　收入核算控制 ……………………………………………… 67
　　收入业务票据控制 ………………………………………… 67

第六章　支出业务控制 ……………………………………… 75
　　事业单位支出的主要内容 ………………………………… 75
　　支出业务控制的目标和内容 ……………………………… 76
　　支出业务岗位控制 ………………………………………… 77
　　支出业务审批控制 ………………………………………… 77
　　支出业务审核控制 ………………………………………… 81
　　支付控制 …………………………………………………… 83
　　支出业务会计核算控制 …………………………………… 85

第七章 采购业务控制 ... 93
采购业务控制的目标和内容 ... 93
采购组织、岗位与责任 ... 94
采购预算与计划管理 ... 95
采购方式的选择与审批 ... 97
采购活动的管理 ... 101
采购验收与付款 ... 104

第八章 工程项目控制 ... 108
工程项目控制的目标与内容 ... 108
工程项目立项与招标 ... 109
工程价款支付 ... 112
工程实施 ... 113
工程项目竣工验收 ... 114
工程项目决算 ... 115

第九章 货币资金和往来资金控制 ... 124
货币资金控制的目标 ... 124
货币资金控制的主要内容 ... 125
往来资金控制的目标与内容 ... 128

第十章 实物资产的控制 ... 131
实物资产控制的目标和内容 ... 131
固定资产控制要点 ... 131
存货控制要点 ... 134

第十一章 人力资源控制 ... 141
人力资源控制的目标和内容 ... 141

  人力资源计划 …………………………………………… 142

  人力资源引进与开发 ………………………………… 143

  人力资源的使用 ……………………………………… 148

  人力资源的退出 ……………………………………… 149

  薪酬管理 ……………………………………………… 150

第十二章 信息系统控制与信息化内部控制体系 …………… 157

  信息系统控制的目标和内容 ………………………… 157

  信息系统的开发 ……………………………………… 158

  信息系统的运行与维护 ……………………………… 163

  信息系统的终结 ……………………………………… 165

  信息化内部控制体系 ………………………………… 166

第十三章 内部控制报告 …………………………………… 169

  行政事业单位内部控制报告制度 …………………… 169

  行政事业单位内部控制报告的主要内容 …………… 170

参考文献 …………………………………………………… 198

后 记 ……………………………………………………… 202

第一章 控制、管理与内部控制

控制是一切事物存在的基础

从控制谈起,是因为大家都用这个词,而且在现实生活中人们都不得不受到许许多多的"控制",本书要探讨的也是和控制相关联的管理思想和方法。遍观世界,控制和受控制是一切事物存在的基础,不受控制的事物本身无法存在。一个人生存在一个处处受控制的环境中,不但行为要受法律、规范、习俗、礼仪、道德等社会规则的约束,生命还要受自然法则,如自然生态、遗传、物质、时间、能量等的制约。一台机械在设计制造的时候需要考虑怎么控制其运转,比如开关、能源供给、速度控制等等,不受控制的机械是没有使用价值的。自然界物种的繁衍和消亡、宇宙的产生和演化无不在控制和受控制中进行。一个社会也是在自然控制和人为控制的双重作用下正常运转、发展和进步。

一个社会组织,有其明确的组织目标,比如一个公司的经营目标、一个事业单位的事业目标、一个慈善组织的社会公益目标等,围绕目标所开展的一系列业务活动应当处于有效的控制当中,失控的活动无法为实现组织目标服务。所以一个社会组织的存在和运转也是受控制的结果。这也是为什么控制被视作管理的一项重要职能的原因。

谈到控制,大家也会想到对现代社会影响深远的控制论。控制论是一种科学方法论,在控制论中,"控制"的定义是:为了"改善"某个或某些受控对象的功能或推进其的发展,需要获得并使用信息,以这种信息为基础而进行的、施加于该对象上的作用。从一般意义上说,控制是指控主体按照给定的条件和目标,对控制客体施加影响的过程和行为。控制论的思想不仅应用于工业领域,在管理领域也散发着科学的光芒,推进着管理理论和实践的进步。

组织管理与控制

管理学大师亨利·法约尔(Henry Fayol)在 100 年前就提出管理的五大功能,即计划、组织、指挥、协调和控制。控制作为管理的功能被明确提出,并在以后的管理实践中被不断强化和拓展。从一定意义上说,管理的过程就是控制的过程。因此,控制既是管理的一项重要职能,又贯穿于管理的全过程。一般说来,管理中的控制职能,是指管理主体为了达到一定的组织目标,运用一定的控制机制和控制手段,对管理客体施加影响的过程。

管理中控制的目的无非两点:一是影响组织中成员的思想和行为,以保证组织战略被执行,从而使组织目标得以实现;二是通过规则和流程保证业务活动的方向、资源使用,将业务活动风险控制在合理的范围之内,及时发现和纠正影响组织目标实现的偏差。

控制的作用具体体现在三个方面:首先,通过控制可以使复杂的组织活动能够协调一致地运作。由于现代组织的规模有着日益扩大的趋势,组织的各种活动日趋复杂化,要使组织内众多的部门和人员在分工的基础上能够协调一致地工作,完善的计划是必备的基础,而计划的实施则要以控制为保证手段。其次,通过控制可以避免和减少管理失误造成的损失。组织所处环境的不确定性以及组织活动的复杂性会导致不可避免的管理失误。控制工作通过对管理全过程的检查和监督,可以及时发现组织中的问题,并采取纠偏措施,以避免或减少工作中的损失,为执行和完成计划起着必要的保障作用。第三,通过控制可以有效减轻环境的不确定性对组织活动的影响。现代组织所面对的环境具有复杂多变的特点,再完善的计划也难以将未来出现的变化考虑得十分周全。因此,为了保证组织目标和计划的顺利实施，就必须通过控制降低环境的各种变化对组织活动的影响。

外部控制与内部控制

一个组织能在正确的方向持续运转，需要两个方面的控制：一个来自外部，可以称为外部控制，大家更习惯地称之为外部监督。外部监督来自组织外部环境，比如国家的法律法规，比如政府环保、税收、行业许可等社会管理，比如与本组织有关联的其他社会组织或个人对组织的要求等等。外部监督影响和约束组织的行为，对组织而言是不得不接受的控制，是被动控制。另一个源于组织内部，是为有效执行组织战略、实现组织目标、保护资产的安全完整、保证会计信息资料的正确可靠、保证活动和资源使用的经济性、效率性和效果性而主动采取的自我调整、约束、规划、评价和控制的一系列方法、手段与措施。内部控制是组织的主动行为，是主动控制。

内部控制的发展阶段

内部控制既是管理的职能和内在要求，又是管理的重要方法。内部控制也是社会经济发展的必然产物，它随着外部竞争的加剧和内部强化管理的需要而不断丰富和发展。内部控制的发展经历了内部牵制阶段、内部控制制度阶段、内部控制结构阶段、内部控制整体框架阶段、全面风险管理阶段等五个阶段。

（一）内部牵制阶段：以不相容岗位分离为核心

内部牵制阶段盛行于20世纪20年代至40年代，可以看作内部控制发展的初始阶段。内部牵制制度的建立主要是基于两个设想：（1）两个人或两个以上的人或部门无意识地犯同样错误的机会是很小的；（2）两个或两个以上的人或部门有意识地合伙舞弊的可能性大大低于单独一个人或部门舞弊的可能性。按照这样的设想，通过内部牵制机制，实现上下牵制、左右制约、相互监督，因而具有查错防弊这个主要功能。内部牵制（Internalcheck），是以账目间的相互核对为主要内容并实施岗位分离以确保所有账目正确无误的一种控制机制。内部牵制制度的核心内容是不相容职务（不相容职务指的是不能同时由一个人兼任的职务）的分离与牵制，通过设立不相容岗位及进行账目核对，实现内部相互制约和监督，达到保证账目一致和实物资产安全的目的。

内部牵制有多种实现形式：（1）实物牵制。即由两个或两个以上人员共同掌管必要的实物工具，共同完成一定程序的牵制。例如，将保险柜的钥匙交由两个或两个以上的工作人员保管，不同时使用这两把或两把以上的钥匙，保险柜就无法打开，以防止个人作弊。（2）程序控制。即只有按照正确的程序操作，才能完成一定过程的操作。将单位各项业务的处理过程，用文字说明方式或流程图的方式表示出来，以形成制度，颁发执行。要求所有的业务活动都要建立切实可行的办理程序。（3）体制牵制。即为防止错误和舞弊，对每一项经济业务的处理，都要求有二人或二人以上共同分工负责，以相互牵制、互相制约的机制。这主要通过组织分工来实现。其基本要求是职责分离。它不仅要求划分职责，明确各部门或个人的职责和应有的权限，同时还要规定相互配合与制约的方法。因为恰当的组织分工是内部牵制最重要、最有效的方法。（4）簿记牵制。即原始凭证与记账凭证、会计凭证与账簿、账簿与账簿、账簿与会计报表之间核对的牵制。在某种意义上，它也是程序牵制的一个方面。

【案例1.1】"五合章"实现内部牵制

（案例来源：搜狐网新闻中心，2007年12月5日）

据2007年华商报消息，贵州省锦屏县平秋镇圭叶村，最近因一枚由本村村民发明刻制的"公章"而闻名全国。他们将刻有"平秋镇圭叶村民主理财小组审核"字样的印章分为五瓣，分别由四名村民代表和一名党支部委员保管，村里的开销须经他们中至少三人同意后，才可将其合并起来盖章，盖了章的发票才可入账报销。这枚印章被网友称为"史上最牛公章"。

　　圭叶村是国家重点贫困村。每年镇财政给村上划拨办公费5000元，偶尔村里也会得到一些扶贫赠款，除此之外村里无其他收入。但是多年来，这些为数不多的公款怎么用，用在哪儿，却常常引起村民们的不满和质疑。

　　2006年2月21日，村党支部书记谭洪勇召集10位村民集思广益。"能不能刻制一枚审核章，分成五瓣，四个村小组各选一个代表再加上一名支部委员，五个人各管一瓣，村里的开销须经过其中至少三人同意后，再把五瓣合并起来再盖章。"会计谭洪源的提议得到村委会的认同。

　　12月3日，记者目睹了这枚"史上最牛公章"。五块楔形木块组成的圆章恰好被套在一次性塑料水杯中，上面分别写着"平秋镇""圭叶村""民主理""财小组""审核"字样。使用时，需将五个楔形木块合并后组成一枚完整的公章。

　　记者注意到，这枚公章与其他财务审核公章不同的是，多了"民主"二字。而谭洪源也就此回答了记者的提问，按照他朴素的逻辑，"民主就是为了实现大家的意图"，这比签字或者按手印更透明。

　　自从采用"五合章"后，村民们关于村委会的财务投诉没有了。理财小组的账目记录得格外详细，在谭洪源出示的账本上，2007年4月17日的支出是这样的："米酒3斤×1.7元=5.1元，豆腐两块2元，猪腿3.8斤×7元=26.6元，漠沙烟1包12元，招待县委陈书记到我村考察工作（支出金额）45.7元"。

2007年7月18日，锦屏县纪委下发了《关于在全县农村推行"五合章"理财办法的通知》，认为"做好农村民主理财，是保证人民群众的选举权、知情权、参与权、监督权的基础性工作"。这种做法也在全国引起关注。

光明网发表评论说，"五合章"之所以成功是民主理财小组认真负责行使自身监督权力的结果，实现了乡村级治理从"为民做主"到"民自为主"的转变。

有专家认为，这种理财方式实际上暗合了"分权制衡"的原理。采用此方式真正实现了从结果公开到过程公开、从专制决策到民主决策、从纵向监督到横向监督、从对上负责到对下负责的转变。有了这些转变，村组干部们要想肆无忌惮地挥霍村民血汗钱，起码不那么容易了。圭叶村作为中国近70万个行政村之一，民主理财的样本作用还是值得肯定的。

（二）内部控制制度阶段：内部会计控制和内部管理控制

内部控制制度阶段盛行于20世纪40年代到70年代。1936年美国注册会计师协会（AICPA）颁布了《独立公共会计师对财务报表的审查》，首次定义了内部控制："内部稽核与控制制度是指为保证公司现金和其他资产的安全，检查账簿记录的准确性而采取的各种措施和方法。"此后，1973年美国审计程序委员会在美国审计程序公告55号中，对内部控制制度的定义作了如下解释："内部控制制度有两类：内部会计控制制度和内部管理控制制度，内部会计控制制度包括组织机构的设计以及与财产保护和财务会计记录可靠性有直接关系的各种措施。内部管理控制制度包括且不限于组织机构的计划，以及关于管理部门对事项核准的决策步骤上的程序与记录。"

内部会计控制制度的基本内容包括内部会计控制体系、会计人员岗位责任制度、账务处理程序制度、内部牵制制度、稽核制度、原始记录管理制度、定额管理制度、计量验收制度、财产保护制度、预算控制制度、财务收支审批制度、成本核算制度和财务会计分析制度等与财产保护和财务会计记录可靠性有直接关系的各种制度。

内部管理控制制度是指那些对会计业务、会计记录和会计报表的可靠性没有直接影响的内部控制。例如，企业单位的内部人事管理、技术管理等就属于内部管理控制。内部管理控制的目的是提高经营效率，促使有关人员遵守既定的管理方针，通常包括与经营效率和坚持经营政策相关、和财务记录间接相关的所有方法和程序，如统计分析、业绩报告、雇员培训计划、质量控制等。

之所以将内部控制划分为内部会计控制和内部管理控制，是为了确认注册会计师（CPA）的审计责任，即注册会计师只负责审查内部会计控制。

【案例1.2】麦克森—罗宾斯案件

（案例来源：搜狐网2017年8月11日，www.sohu.com/a/163869072-481558）

1938年初，长期贷款给麦克森—罗宾斯药材公司的朱利安·汤普森公司，在审核罗宾斯药材公司财务报表时发现两个疑问：一个是罗宾斯药材公司中的制药原料部门，原是个盈利率较高的部门，但该部门却一反常态地没有现金积累。而且，流动资金亦未见增加。相反，该部门还不得不依靠公司管理者重新调集资金来进行再投资，以维持生产；另一个是公司董事会曾做出一个决议，要求公司减少存货金额。但到1938年年底，公司存货反而增加100万美元。汤普森公司立即表示，在没有查明这两个疑问之前，不再予以贷款，并请求官方协调、控制证券市场的权威机构——纽约证券交易委员会调查此事。

纽约证券交易委员会在收到请求之后，立即组织有关人员进行调查。调查发现该公司在经营的十余年中，每年都聘请了美国著名的普赖斯·沃特豪斯会计师事务所对该公司的财务报表进行审计。在这些审计人员出具的审计报告中，审计人员每年都对该公司的财务状况及经营成果发表了"正确、适当"等无保留的审计意见。为了核实这些审计结论是否正确，调查人员对该公司1937年的财务状况与经营成果进行了重新审核。结果发现：1937年12月31日的合并资产负债表计有总资产8700万美元，但其中的1907.5万美元的资产是虚构的，包括存货虚构1000万美元，销售收入虚构900万美元，银行存款虚构7.5万美元；在1937年年度合并损益表中，虚假的销售收入和毛利分别达到1820万美元和180万美元。

在此基础上，调查人员对该公司经理的背景作了进一步调查，结果发现公司经理菲利普·科斯特及其同伙穆西卡等人，都是犯有前科的诈骗犯。他们都是用了假名，混入公司并爬上公司管理岗位。他们将亲信安插在掌管公司财务的重要岗位上，并相互勾结、沆瀣一气，使他们的诈骗活动持续很久没能被人发现。

证券交易委员会将案情调查结果在听证会上一宣布，立即引起轩然大波。根据调查结果，罗宾斯药材公司的实际财务状况早已"资不抵债"，应立即宣布破产。而首当其冲的受损害者是汤普森公司，因它是罗宾斯药材公司的最大债权人。为此，汤普森公司指控沃特豪斯会计师事务所。汤普森公司认为其所以给罗宾斯公司贷款，是因为信赖了会计师事务所出具的审计报告。因此，他们要求沃特豪斯会计师事务所赔偿他们的全部损失。

在听证会上，沃特豪斯会计师事务所拒绝了汤普森公司的赔偿要求。会计师事务所认为，他们执行的审计，遵循了美国注册会计师协会在1936年颁布的《独立公共会计师对财务报表的审查》中所规定的各项规则。罗宾斯药材公司的欺骗是由于经理部门共同串通合谋所致，审计人员对此不负任何责任。最后，在证券交易委员会的调解下，沃特豪斯会计师事务所以退回历年来收取的审计费用共50万美元，作为对汤普森公司债权损失的赔偿。

（三）内部控制结构阶段：三要素

内部控制结构阶段盛行于20世纪70年代到90年代末。在这一时期，企业开始需要针对主要经营业务进行风险控制评价，管理环境被纳入内部控制的视线，并引起内部控制结构的重新划分与整合。1988年，美国注册会计师协会审计准则委员会第55号《审计准则公告》提出，内部控制结构是为保证企业特定目标的实现而建立的各种政策和程序，包括控制环境、会计系统及控制程序三个部分。控制环境是指对建立、加强或削弱特定政策和程序效率发生影响的各种因素,如经营作风、人事政策、责任会计、内部审计等。会计系统规定各项经济业务的确认、分析、归类、登记和编报的方法,明确各项资产和负债的经营管理责任。控制程序是管理当局制定的方针和程序,如授权、职责分工、复核等。

在内部控制结构中,不再划分内部会计控制与内部管理控制,而统一以要素表述内部控制,且正式将控制环境纳入内部控制范畴,它是充分有效的内部控制体系得以建立和运行的基础及保证。

【案例1.3】 三九集团的财务危机

(案例来源:搜狐财经频道,2007年6月25日)

从1992年开始,三九集团在短短几年时间里,通过收购兼并手段,形成医药、汽车、食品、酒业、饭店、农业、房产等几大产业并举的格局。但是,2004年4月14日,三九医药(000999)发出公告:因工商银行要求提前偿还3.74亿元的贷款,目前公司大股东三九药业及三九集团(三九药业是三九集团的全资公司)所持有的公司部分股权已被司法机关冻结。至此,整个三九集团的财务危机全面爆发。

截至危机爆发之前,三九集团约有400多家公司,实行五级公司管理体系,其三级以下的财务管理已严重失控;三九系深圳本地债权银行贷款已从98亿元升至107亿元,而遍布全国的三九系子公司和控股公司的贷款和贷款担保约在60亿元至70元亿之间,两者合计,整个三九系贷款和贷款担保余额约为180亿元。

三九集团总裁赵新先曾在债务风波发生后对外表示,"你们(银行)都给我钱,使我头脑发热,我盲目上项目"。

三九集团财务危机的爆发可以归纳为几个主要原因:(1)集团财务管理失控;(2)多元化投资(非主业/非相关性投资)扩张的战略失误;(3)集团过度投资引起的过度负债。面从从内部控制的视角来看,三九集团控制环境不佳,会计系统风险预测和披露不及时,融资和投资控制程序有缺陷。

(四)内部控制整体框架阶段:五要素

内部控制整体框架阶段盛行于20世纪80年代至90年代末。20世纪80年代,美国的一系列财务报告舞弊和企业"突发"破产事件引起人们对内部控制的重新思考。此时,很多人认识到可以把加强上市公司内部控制作为从根源上解决虚假财务信息的手段之一。从1992年9月开始,COSO委员会先后发布、完善了《内部控制——整体框架》,框架指出:内部控制是一个过程,受企业董事会、管理当局和其他员工影响,旨在保证财务报告的可靠性、经营效果和效率,以及对现行法规的遵循,它认为内部控制整体框架主要由控制环境、风险评估、控制活动、信息与沟通、监督五项要素构成。1996年底美国审计委员会认可了COSO的研究成果,并修改相应的审计公告内容。

COSO是美国全国反虚假财务报告委员会下属的发起人委员会(Committee of Sponsoring Organization)的英文缩写。1985年,由美国注册会计师协会(AICPA)、美国会计协会(AAA)、财务经理人协会(FEI)、内部审计师协会(IIA)、管理会计师协会(IMA)联合创建了反虚假财务报告委员会,旨在探讨财务报告中舞弊产生的原因,并寻找解决之道。两年后,基于该委员会的建议,其赞助机构成立COSO委员会,专门研究内部控制问题。

(五)风险管理框架阶段:八要素

进入21世纪,在美国有史以来最大的能源交易商安然公司的破产和施乐、世通等大公司财务舞弊问题暴露后,人们充分认识到了风险管理的必要性,因此,在2004年底,COSO委员会发布了《企业风险管理总体框架》,企业风险管理总体框架认为,企业风险管理是一个过程,它由一个主体的董事会、管理当局和其他人员实施,应用于战略制订并贯穿于企业之中,旨在识别可能会影响主体的潜在事项,管理风险以使其在该主体的风险容量之内,并为主体目标的实现提供合理保证。该框架使内部控制更有力、更广泛地关注于企业风险管理。风险管理框架包括了八大要素:内部环境、目标设定、事项识别、风险评估、风险应对、控制活动、信息与沟通、监控。

为什么做风险管理：为企业目标的实现提供合理保证。

风险管理谁来做：由企业的董事会、管理层和其他员工共同参与，应用于企业战略制定和企业内部各个层次和部门的全体人员。

风险管理做什么：用于识别可能对企业造成潜在影响的事项并在其风险偏好范围内管理风险的各项工作。

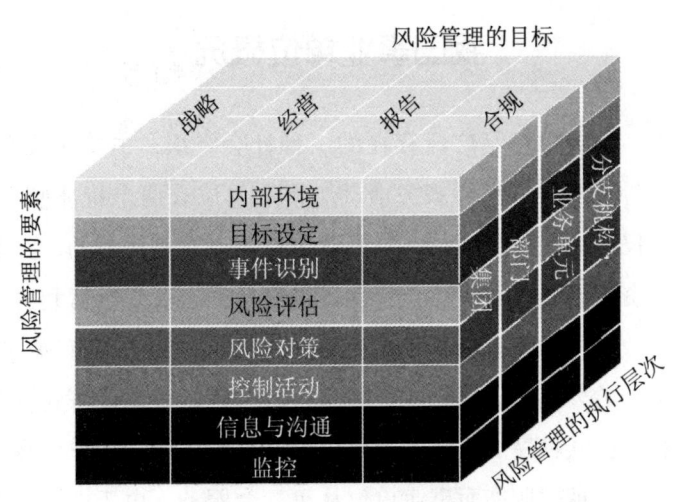

图 1.1　风险管理框架：八个因素

内部控制从最初的内部牵制理念，到内部会计控制和提出内部管理控制，再到将两者结合讨论，发展出控制结构和整体框架，最后演变为企业的风险管理。从内部控制的发展可以看出，内部控制的建立，是企业制度不断成长和完善的结果，是现代化管理不断发展变化的客观要求。审计技术的进步和管理理论的创新都是推动内部控制不断发展的动力。

第二章 事业单位内部控制的背景

我国事业单位概况

在我国，事业单位是广泛存在的一种社会组织，主要在教育、科技、文化、卫生等领域从事社会服务活动。事业单位有两个特征使它与企业、行政单位、民间组织相区别，一是事业单位不以营利为目的，二是事业单位利用国有资产设立并面向社会公众提供服务。企业是以营利为目的的社会组织。行政单位虽不以营利为目的，但其是依照宪法和有关法律设置、利用国家赋予的公共管理权力进行国家行政管理、组织经济建设和文化建设、维护社会公共秩序的单位。行政单位有公权力而事业单位没有，行政单位承担社会治理的职能而事业单位从事社会服务。由于中国特有的政治体制，部分存在行政和事业单位不分家，事业单位承担一些行政职能的问题，一些部门在有的地区是行政单位，但在有的地区又是事业单位，加之行政单位和事业单位在财政管理和财务核算上存在一些共性的要求，所以从政府到老百姓习惯性地将政府部门统称为行政事业单位，但其实二者有本质区别。一些民间组织与事业单位很接近，也不以营利为目的，也从事社会服务，如公益基金会、行业协会、商会、学会、研究会等等。非营利组织作为政府、企业之外的"第三部门"，被划分为两大类，即公立非营利组织和民间非营利组织。公立非营利组织通常就是事业单位，会计核算上执行《事业单位会计制度》，民间非营利组织利用非国有资产设立，执行《民间非营利组织会计制度》。

我国事业单位在社会经济生活中扮演重要角色，所涉及的领域十分广泛，数量庞大，据统计目前全国事业单位总数超过 100 万个，从业者超过 3000 万人。事业单位具有服务性、公益性和知识密集性的特征，在不同领域为社会提供各类专业性服务。事业单位主要分布在以下具体领域：

1. 教育事业单位，如幼儿园、小学、中学、普通高校、职业教育、成人教育、特殊教育等。

2. 科技事业单位，如研究院、研究所、科技协会、科技馆等。

3. 文化事业单位，如图书馆、博物馆、文化馆、演出团体、出版社、杂志社、电视台等。

4. 卫生事业单位，如医院、防疫站、血液中心、计生站等。

5. 社会福利事业单位，如福利院、养老院、康复中心、殡仪馆等。

6. 体育事业单位，如体育场、体工大队等。

7. 交通事业单位，如公路养护站、收费站等。

8. 城市公用事业单位，如园林、环卫、市政维护等。

9. 农林牧渔水事业单位，如农技站、检疫中心、水文站等。

10. 信息咨询事业单位，如信息中心、咨询服务中心（站）、价格信息事务所、经济调查队等。

11. 中介服务事业单位，如技术咨询服务中心、人才交流中心、法律援助中心、公证处等。

12. 勘察设计事业单位，如勘察设计院等。

13. 地震测防事业单位，如地震测防、地震预报等单位。

14. 海洋事业单位，如海洋管理、海洋保护等事业单位。

15. 环境保护事业单位，如环境监测中心、环境保护站等。

16. 检验检测事业单位，如标准计量、技术监督、质量检测、出入境检验检疫等。

17. 知识产权事业单位，如专利、商标、版权等。

18. 机关后勤服务事业单位及其他类别。

事业单位分类改革

2012年4月,中共中央国务院关于分类推进事业单位改革的指导意见出台,新一轮事业单位分类改革拉开了帷幕。长期以来,我国事业单位发展相对滞后,一些事业单位功能定位不清,政事不分、事企不分,机制不活;事业单位社会公益服务供给总量不足,供给方式单一,资源配置不合理,质量和效率不高。因此,事业单位分类改革按照政事分开、事企分开和管办分离的要求,以促进公益事业发展为目的,以科学分类为基础,以深化体制机制改革为核心,实行事业单位分类改革,将现有事业单位划分为三个类别:对承担行政职能的,逐步将其行政职能划归行政机构或转为行政机构;对从事生产经营活动的,逐步将其转为企业;对从事公益服务的,继续将其保留在事业单位序列,并强化其公益属性。市场不能配置资源的,划为公益一类,承担高等教育、非营利医疗等公益服务;可部分由市场配置资源的,划分为公益二类。对公益一类,根据正常业务需要,财政给予经费保障;对公益二类,根据财务收支状况,财政给予经费补助,并通过政府购买服务等方式予以支持。

公益一类事业单位应同时具备以下三个条件:面向社会提供基本公益服务或仅为机关行使职能提供支持和保障;不能或不宜由市场配置资源;不得从事经营活动,其宗旨、业务范围和服务规范由国家确定。主要包括:

1. 义务教育类:义务教育、特殊教育、党校、行政学院、社会主义学院、公益性宣教(党员电化教育)等。

2. 科研类:基础性或社会公益性科研、政策研究、公共科普服务等。

3. 文体类:公共图书馆、档案馆、博物馆、纪念馆(烈士陵园)、公共美术馆、科技馆、群众艺术馆、文物考古、文物保护、文献情报、出版物审读、广电信号传输和技术监测、视听节目审查、基层公共文化服务、体育运动项目管理等。

4. 卫生类：疾病（疫病）预防控制、健康教育及保健服务、采供血服务、应急救治服务、计划生育服务、政府举办的社区卫生服务、乡镇卫生院等。

5. 社会保障类：社会保障经办、公积金管理、社会救助服务、优抚安置服务、社会福利管理、公益性残疾人康复、公共就业服务、老龄妇幼服务、婚姻登记、专家服务、慈善服务等。

6. 公共安全类：人工影响天气、防汛抗旱防火、灾害防治救援、应急指挥救援、无线电监测、人防指挥保障、信息安全测评、民防安全、重要或应急物资储备等。

7. 社会经济服务类：基础测绘、公益性地质调查、经济社会调查、标准质量服务、强制性检验检疫、渔业船舶检验、植物检疫、林业有害生物防治检疫、纤维检验（棉花质量监督）、农机安全监理、食品药品检验检测、地震监测、环境监测、网络监测、气象预测等。

8. 行政保障类：地方志和党史、电子政务、政府资金和项目管理、政府采购、财政资金评审支付、招投标管理、举报投诉维权、考试管理、仲裁服务、自然资源保护、水文（水资源）管理、农村经济管理、集体经济管理、种子管理、房屋征收与补偿、涉军服务、统计服务、审计服务、铁路建设管理、政府部门驻外省市联络服务等。

9. 行政执法类：能源利用监测、质量监督管理、国土监察、环境监察、安全生产监察、劳动保障监察、农业技术推广服务、城市综合管理、农业监察、林业监察、水利监察、食品药品监察、卫生监督管理、水土保持监督管理、建设工程质量监督管理、核与辐射安全监督等。

公益二类事业单位应同时具备以下三个条件：面向社会提供公益服务或主要为机关行使职能提供支持和保障，并可部分由市场配置资源；按照国家确定的公益目标和相关标准开展活动；在确保公益目标的前提下，可依据相关法律法规提供与主业相关的服务，收益的使用按照国家有关规定执行。主要包括：

1. 教育类：普通高中、普通高校、研究生院、技工技师职业院校、电大函授及远程教育、幼儿园、少年宫等。

2. 科研类：基础应用科研、农林示范基地、种苗良种培育等。

3. 文体类：时政类报刊社、电台电视台、国家确定需要扶持的文艺院团、文化宫、公园、体育场馆、体育训练基地等。

4. 卫生类：非营利医疗、职业病疗养等。

5. 社会经济服务类：公益性信息咨询、公益性水利工程管护、质量监督技术服务、公益性规划、地质勘查、农业种畜服务、票证制作发放、政府确定保留的公益性公证服务、人才交流管理与指导、对外交流促进、彩票发行管理、殡葬服务等。

事业单位的业务活动特征和管理要求

事业单位是依法设立，通过社会服务，参与某一领域的公共管理的非营利组织。因是国家设立（或以国有资产设立），与西方的非营利组织相比具有鲜明的中国特色，其经济活动与企业相比也存在许多不同。

（一）目标和业务活动的差异性

事业单位服务于不同的领域和范围，具体事业目标和业务活动存在差异性。我国的事业单位大多是在计划经济体制下建立和发展起来的，在教育、科研、文化体育、医疗、社会保障等领域发挥着重要作用，在改革开放以前以及市场经济发展初期处于不可替代的地位。因为服务于不同的领域和范围，事业单位多存在业务活动的专业性特征，具体事业目标也各不相同。因为差异性，国家对不同类型的事业单位有着不同的管理体制，事业单位内部管理也因具体事业目标的差异和业务活动的不同而呈现出各自的特色。

（二）经费来源的多元化

与行政单位的经费主要来源于财政资金不同，事业单位的经费来源呈现多元化的特征，但来自国家和地方政府的财政拨款在大多数事业单位的经费中仍然占主导地位,所以,事业单位按经费来源可以分为财政补助和非财政补助两类。国家对事业单位的经费管理存在全额拨款、差额拨款和自收自支三种模式,事业单位也相应划分为全额拨款事业单位、差额拨款事业单位、自收自支事业单位三类。

全额拨款事业单位也称全额预算管理的事业单位,是其所需的事业经费全部由国家财政预算拨款的一种管理形式。一般适用于没有收入或收入不稳定的事业单位,如学校、科研单位、卫生防疫、工商管理等事业单位。差额拨款事业单位是指有一定数量稳定的经常性收入,但还不足以抵补本单位的经常性支出,支大于收的差额需国家预算拨款补助的单位,如公立医院。自主事业单位又称为自收自支事业单位,是国家不拨款的事业单位。自收自支事业单位由于有稳定的经常性收入,可以解决经常性开支,不需要财政直接拨款,因而一些地方往往放松对它的管理,造成自收自支事业单位有不断膨胀的趋势。

(三) 资金使用的强约束性

事业单位的资金多来源于财政拨款、服务费收入以及个人或机构的捐赠,所有资金的使用以保障事业目标的实现为出发点。事业单位获取的是公共资金或社会资金,提供的又是公共社会服务,因此资金使用必须对国家和社会公众负责。国家法律法规对事业单位资金使用的范围和标准有比较强的约束,对事业单位的经费支出也有许多独特的控制程序,比如预算管理、收支两条线管理、招投标管理、政府采购管理、财政票据管理、公务卡结算等。

(四) 核算及绩效考核的复杂性

不同类型的企业在财务核算上以权益管理和利润形成为主线,核算资产、负债、所有者权益、收入、费用等,相似度高,总体要求一致,且以利润作为主要考核指标,相互间经营绩效的可比性强。事业单位因所处领域不同、事业类型不同、开展的业务活动不同,具体核算内容和要求也有所不同,不同领域都有各自具体的财务核算制度。事业单位不以营利为目的,而是以向社会提供公共物品和公共服务为宗旨,其经济活动并不以保值增值为目标,而只是事业活动的辅助活动。在这种情况下,事业单位往往难以实现科学准确的绩效考核和评价,往往从资金使用的合规和事业目标的完成角度进行绩效评价,可比性和合理性只能是相对的。

事业单位面临的主要风险

事业单位虽然不像行政单位那样有公权力,但利用国家资金和社会资金提供社会公共服务,必然要受到社会的广泛监督。由于事业单位的国有属性,使其各种活动产生的风险可能被放大,容易出现由业务风险、技术风险而上升为政治风险和社会经济风险。比如教育收费、医院医患关系、社会公益组织诚信危机等等,都会产生较大的社会影响。事业单位的主要风险包括以下几个方面:

(一)事业目标不能实现的风险

事业单位获取国家和社会资金,利用公共资源提供社会服务是其核心的事业目标。如果不能提供国家规定的或社会公众满意的公共服务,就意味着事业目标没有实现或部分没有实现,单位和单位负责人必然会遭到社会各方的监督和问责。如不能及时调整,可能影响后续资金的获取及单位长期发展,严重的甚至影响单位的生存,比如教学质量比较差的学校被撤销或合并、一些质量差且违规的杂志社被取缔等等。

(二)事业活动效率低下的风险

一些事业单位提供的社会服务存在不可替代性,缺乏竞争,往往在服务提供过程中形成行政化作风,导致业务程序繁杂、办事效率低下、服务质量不高,也存在决策科学性差、民主性不强、短期目标和长期目标不能协调、资金浪费和使用效率低、核心业务资金投入不足等问题,造成事业活动效率低下,影响单位的长期发展。

(三) 资金获取和使用的合规风险

事业单位都有法律法规规定的资金获取渠道，当然也有相应的资金使用要求。对一个单位而言，财政性资金的使用自不必说，合规性要求最高，有各种规范、标准和程序的约束，如果单位不能合规使用，必将受到追责，甚至单位负责人或当事人会被追究法律责任。其他渠道获得的资金，如接收捐赠、事业收入等，也应纳入预算管理，合理合规安排使用。随着这几年来八项规定的出台和财政部门资金管理的加强，事业单位也在大力规范内部财务管理，以前不按规定预算和规定用途使用资金、违规发放津贴和福利、三公经费支出超标、小金库等问题少了很多，资金获取和使用的合规风险得到有效控制。

(四) 干部腐败和贪污舞弊的风险

近几年来，在中央持续高压反腐的态势下，一些事业单位的贪污腐败案件大量浮出水面。事业单位人事和干部任用的腐败、基建工程方面的腐败不断被发现，当然也包括事业经费不合规使用形成的财务舞弊。严重的干部腐败和贪污舞弊会败坏单位风气，严重挫伤单位员工的积极性，降低事业活动的效率，影响事业目标的实现。在事业单位强化内部控制是国家防范腐败和贪污舞弊风险的重要举措。

(五) 单位社会声誉或公信力下降的风险

由于事业单位天然存在的社会公共属性，使得其和行政单位、国有企业一样，都具有一定的社会公信力，良好的社会声誉是其生存和发展的基础。当一些违规收费、劣质服务、效率低下、贪污腐败、公共安全等情况或事件一旦出现，必然造成事业单位社会声誉或公信力的下降。

事业单位内部控制制度及其发展

在我国，大部分学者都立足于企业内部控制理论去谈事业单位的内部控制，因为内部控制理论与实践有其共通的内在要求。事业单位内部控制理论与实践的发展确实深受企业内部控制理论和实践的影响，许多在企业应用的内部控制方法在事业单位依然适用。

从根源上说，政府承担公共受托责任，政府将依法集中的财政资金用于公共管理和公共服务既是权力又是责任，政府应该对财政资金的使用过程和结果承担责任，为人民负责。对过程承担责任，就要对得到和使用财政资金的单位的资金活动进行合理控制，包括推动内部控制；对结果负责，就要实行财政资金绩效管理。这些落实到事业单位，也需要以内部控制保证资金的使用绩效。因此，政府有推动事业单位内部控制建设的内在动力，这也是财政部等部门出台一系列内部控制法规和规范的主要原因所在。

相比国外，我国事业单位内部控制的研究与实践起步较晚。改革开放之前，有关内部控制的理论研究几乎处于空白状态，在实践中大部分事业单位的内部控制几乎处于简单的财务制度和相对松散的经验管理状态。从20世纪90年代起，政府开始关注内部控制问题，先后颁布了若干指导性文件，如财政部发布了《独立审计具体准则第9号——内部控制审计风险》（1996），中国人民银行发布了《加强金融机构内部控制的指导原则》（1997），1999年颁布的《会计法》中也明确提出各单位应当建立、健全本单位内部会计监督制度，并作了不相容职位互相分离等若干具体规定。2001年6月，财政部发布了《内部会计控制规范——基本规范（试行）》以统驭和指导内部会计控制具体规范的制定，并随后陆续制定了若干具体规定。《会计法》和《内部会计控制规范——基本规范（试行）》是适用于所有单位的，至此，我国行政事业单位内部控制建设才有了比较明确的法律法规依据。但整体而言，这一时期的内部控制还停留在内部会计控制为主的阶段。

2007年财政部发布了《企业内部控制基本规范》，并陆续发布了具体规范和相关配套指引，专门用于指导企业内部控制建设。在企业内部控制建设取得了较好效果的基础上，2012年，财政部印发《行政事业单位内部控制规范（试行）》（财会〔2012〕21 号）。该《规范》包括总则、风险评估和控制方法、单位层面内部控制、业务层面内部控制、评价与监督、附则等内容，自 2014 年 1 月 1 日起施行。该《规范》的施行标志着我国行政事业单位内部控制建设有了一个新的起点，事业单位内部控制从内部会计控制过渡到全面内部控制阶段。

2017 年，为全面推进行政事业单位加强内部控制建设，根据《财政部关于全面推进行政事业单位内部控制建设的指导意见》（财会〔2015〕24 号）和《行政事业单位内部控制规范（试行）》（财会〔2012〕21 号）的有关要求，财政部制定了《行政事业单位内部控制报告管理制度（试行）》（财会〔2017〕1 号），进一步强化了事业单位内部控制建设的报告和考评机制。

从这几年的实践来看，《行政事业单位内部控制规范（试行）》对事业单位强化内部控制建设起到了积极作用，但许多单位只是形式上建立起了内部控制制度，执行却较差，或内部控制功能简单、没有形成体系，效果还不明显。因此，我国事业单位的内部控制建设才刚刚上路，发展的路还很长。

附 件

行政事业单位内部控制规范（试行）

第一章　总则

第一条　为了进一步提高行政事业单位内部管理水平，规范内部控制，加强廉政风险防控机制建设，根据《中华人民共和国会计法》、《中华人民共和国预算法》等法律法规和相关规定，制定本规范。

第二条　本规范适用于各级党的机关、人大机关、行政机关、政协机关、审判机关、检察机关、各民主党派机关、人民团体和事业单位（以下统称单位）经济活动的内部控制。

第三条　本规范所称内部控制，是指单位为实现控制目标，通过制定制度、实施措施和执行程序，对经济活动的风险进行防范和管控。

第四条 单位内部控制的目标主要包括：合理保证单位经济活动合法合规、资产安全和使用有效、财务信息真实完整，有效防范舞弊和预防腐败，提高公共服务的效率和效果。

第五条 单位建立与实施内部控制，应当遵循下列原则：

（一）全面性原则。内部控制应当贯穿单位经济活动的决策、执行和监督全过程，实现对经济活动的全面控制。

（二）重要性原则。在全面控制的基础上，内部控制应当关注单位重要经济活动和经济活动的重大风险。

（三）制衡性原则。内部控制应当在单位内部的部门管理、职责分工、业务流程等方面形成相互制约和相互监督。

（四）适应性原则。内部控制应当符合国家有关规定和单位的实际情况，并随着外部环境的变化、单位经济活动的调整和管理要求的提高，不断修订和完善。

第六条 单位负责人对本单位内部控制的建立健全和有效实施负责。

第七条 单位应当根据本规范建立适合本单位实际情况的内部控制体系，并组织实施。具体工作包括梳理单位各类经济活动的业务流程，明确业务环节，系统分析经济活动风险，确定风险点，选择风险应对策略，在此基础上根据国家有关规定建立健全单位各项内部管理制度并督促相关工作人员认真执行。

第二章 风险评估和控制方法

第八条 单位应当建立经济活动风险定期评估机制，对经济活动存在的风险进行全面、系统和客观评估。

经济活动风险评估至少每年进行一次；外部环境、经济活动或管理要求等发生重大变化的，应及时对经济活动风险进行重估。

第九条 单位开展经济活动风险评估应当成立风险评估工作小组，单位领导担任组长。

经济活动风险评估结果应当形成书面报告并及时提交单位领导班子，

作为完善内部控制的依据。

第十条 单位进行单位层面的风险评估时，应当重点关注以下方面：

（一）内部控制工作的组织情况。包括是否确定内部控制职能部门或牵头部门；是否建立单位各部门在内部控制中的沟通协调和联动机制。

（二）内部控制机制的建设情况。包括经济活动的决策、执行、监督是否实现有效分离；权责是否对等；是否建立健全议事决策机制、岗位责任制、内部监督等机制。

（三）内部管理制度的完善情况。包括内部管理制度是否健全；执行是否有效。

（四）内部控制关键岗位工作人员的管理情况。包括是否建立工作人员的培训、评价、轮岗等机制；工作人员是否具备相应的资格和能力。

（五）财务信息的编报情况。包括是否按照国家统一的会计制度对经济业务事项进行账务处理；是否按照国家统一的会计制度编制财务会计报告。

（六）其他情况。

第十一条 单位进行经济活动业务层面的风险评估时，应当重点关注以下方面：

（一）预算管理情况。包括在预算编制过程中单位内部各部门间沟通协调是否充分，预算编制与资产配置是否相结合、与具体工作是否相对应；是否按照批复的额度和开支范围执行预算，进度是否合理，是否存在无预算、超预算支出等问题；决算编报是否真实、完整、准确、及时。

（二）收支管理情况。包括收入是否实现归口管理，是否按照规定及时向财会部门提供收入的有关凭据，是否按照规定保管和使用印章和票据等；发生支出事项时是否按照规定审核各类凭据的真实性、合法性，是否存在使用虚假票据套取资金的情形。

（三）政府采购管理情况。包括是否按照预算和计划组织政府采购业务；是否按照规定组织政府采购活动和执行验收程序；是否按照规定保存政府采购业务相关档案。

（四）资产管理情况。包括是否实现资产归口管理并明确使用责任；是否定期对资产进行清查盘点，对账实不符的情况及时进行处理；是否按照规定处置资产。

（五）建设项目管理情况。包括是否按照概算投资；是否严格履行审核审批程序；是否建立有效的招投标控制机制；是否存在截留、挤占、挪用、套取建设项目资金的情形；是否按照规定保存建设项目相关档案并及时办理移交手续。

（六）合同管理情况。包括是否实现合同归口管理；是否明确应签订合同的经济活动范围和条件；是否有效监控合同履行情况，是否建立合同纠纷协调机制。

（七）其他情况。

第十二条 单位内部控制的控制方法一般包括：

（一）不相容岗位相互分离。合理设置内部控制关键岗位，明确划分职责权限，实施相应的分离措施，形成相互制约、相互监督的工作机制。

（二）内部授权审批控制。明确各岗位办理业务和事项的权限范围、审批程序和相关责任，建立重大事项集体决策和会签制度。相关工作人员应当在授权范围内行使职权、办理业务。

（三）归口管理。根据本单位实际情况，按照权责对等的原则，采取成立联合工作小组并确定牵头部门或牵头人员等方式，对有关经济活动实行统一管理。

（四）预算控制。强化对经济活动的预算约束，使预算管理贯穿于单位经济活动的全过程。

（五）财产保护控制。建立资产日常管理制度和定期清查机制，采取资产记录、实物保管、定期盘点、账实核对等措施，确保资产安全完整。

（六）会计控制。建立健全本单位财会管理制度，加强会计机构建设，提高会计人员业务水平，强化会计人员岗位责任制，规范会计基础工作，加强会计档案管理，明确会计凭证、会计账簿和财务会计报告处理程序。

（七）单据控制。要求单位根据国家有关规定和单位的经济活动业务流程，在内部管理制度中明确界定各项经济活动所涉及的表单和票据，要求相关工作人员按照规定填制、审核、归档、保管单据。

（八）信息内部公开。建立健全经济活动相关信息内部公开制度，根据国家有关规定和单位的实际情况，确定信息内部公开的内容、范围、方式和程序。

第三章 单位层面内部控制

第十三条 单位应当单独设置内部控制职能部门或者确定内部控制牵头部门，负责组织协调内部控制工作。同时，应当充分发挥财会、内部审计、纪检监察、政府采购、基建、资产管理等部门或岗位在内部控制中的作用。

第十四条 单位经济活动的决策、执行和监督应当相互分离。单位应当建立健全集体研究、专家论证和技术咨询相结合的议事决策机制。

重大经济事项的内部决策，应当由单位领导班子集体研究决定。重大经济事项的认定标准应当根据有关规定和本单位实际情况确定，一经确定，不得随意变更。

第十五条 单位应当建立健全内部控制关键岗位责任制，明确岗位职责及分工，确保不相容岗位相互分离、相互制约和相互监督。单位应当实行内部控制关键岗位工作人员的轮岗制度，明确轮岗周期。不具备轮岗条件的单位应当采取专项审计等控制措施。

内部控制关键岗位主要包括预算业务管理、收支业务管理、政府采购业务管理、资产管理、建设项目管理、合同管理以及内部监督等经济活动的关键岗位。

第十六条 内部控制关键岗位工作人员应当具备与其工作岗位相适应的资格和能力。

单位应当加强内部控制关键岗位工作人员业务培训和职业道德教育，不断提升其业务水平和综合素质。

第十七条 单位应当根据《中华人民共和国会计法》的规定建立会计机构，配备具有相应资格和能力的会计人员。单位应当根据实际发生的经济业务事项按照国家统一的会计制度及时进行账务处理、编制财务会计报告,确保财务信息真实、完整。

第十八条 单位应当充分运用现代科学技术手段加强内部控制。对信息系统建设实施归口管理,将经济活动及其内部控制流程嵌入单位信息系统中,减少或消除人为操纵因素,保护信息安全。

第四章 业务层面内部控制

第一节 预算业务控制

第十九条 单位应当建立健全预算编制、审批、执行、决算与评价等预算内部管理制度。

单位应当合理设置岗位,明确相关岗位的职责权限,确保预算编制、审批、执行、评价等不相容岗位相互分离。

第二十条 单位的预算编制应当做到程序规范、方法科学、编制及时、内容完整、项目细化、数据准确。

(一)单位应当正确把握预算编制有关政策,确保预算编制相关人员及时全面掌握相关规定。

(二)单位应当建立内部预算编制、预算执行、资产管理、基建管理、人事管理等部门或岗位的沟通协调机制,按照规定进行项目评审,确保预算编制部门及时取得和有效运用与预算编制相关的信息,根据工作计划细化预算编制,提高预算编制的科学性。

第二十一条 单位应当根据内设部门的职责和分工,对按照法定程序批复的预算在单位内部进行指标分解、审批下达,规范内部预算追加调整程序,发挥预算对经济活动的管控作用。

第二十二条 单位应当根据批复的预算安排各项收支,确保预算严格有效执行。

单位应当建立预算执行分析机制。定期通报各部门预算执行情况,召开预算执行分析会议,研究解决预算执行中存在的问题,提出改进措施,提高预算执行的有效性。

第二十三条 单位应当加强决算管理,确保决算真实、完整、准确、及时，加强决算分析工作，强化决算分析结果运用，建立健全单位预算与决算相互反映、相互促进的机制。

第二十四条 单位应当加强预算绩效管理，建立"预算编制有目标、预算执行有监控、预算完成有评价、评价结果有反馈、反馈结果有应用"的全过程预算绩效管理机制。

第二节 收支业务控制

第二十五条 单位应当建立健全收入内部管理制度。

单位应当合理设置岗位，明确相关岗位的职责权限，确保收款、会计核算等不相容岗位相互分离。

第二十六条 单位的各项收入应当由财会部门归口管理并进行会计核算，严禁设立账外账。

业务部门应当在涉及收入的合同协议签订后及时将合同等有关材料提交财会部门作为账务处理依据，确保各项收入应收尽收，及时入账。财会部门应当定期检查收入金额是否与合同约定相符；对应收未收项目应当查明情况，明确责任主体，落实催收责任。

第二十七条 有政府非税收入收缴职能的单位，应当按照规定项目和标准征收政府非税收入，按照规定开具财政票据，做到收缴分离、票款一致，并及时、足额上缴国库或财政专户，不得以任何形式截留、挪用或者私分。

第二十八条 单位应当建立健全票据管理制度。财政票据、发票等各类票据的申领、启用、核销、销毁均应履行规定手续。单位应当按照规定设置票据专管员，建立票据台账，做好票据的保管和序时登记工作。票据应当按照顺序号使用，不得拆本使用，做好废旧票据管理。负责保管票据的人员要配置单独的保险柜等保管设备，并做到人走柜锁。

单位不得违反规定转让、出借、代开、买卖财政票据、发票等票据，不得擅自扩大票据适用范围。

第二十九条 单位应当建立健全支出内部管理制度，确定单位经济活动的各项支出标准，明确支出报销流程，按照规定办理支出事项。单位应当合理设置岗位,明确相关岗位的职责权限,确保支出申请和内部审批、付款审批和付款执行、业务经办和会计核算等不相容岗位相互分离。

第三十条 单位应当按照支出业务的类型,明确内部审批、审核、支付、核算和归档等支出各关键岗位的职责权限。实行国库集中支付的,应当严格按照财政国库管理制度有关规定执行。

(一)加强支出审批控制。明确支出的内部审批权限、程序、责任和相关控制措施。审批人应当在授权范围内审批,不得越权审批。

(二)加强支出审核控制。全面审核各类单据。重点审核单据来源是否合法,内容是否真实、完整,使用是否准确,是否符合预算,审批手续是否齐全。

支出凭证应当附反映支出明细内容的原始单据,并由经办人员签字或盖章,超出规定标准的支出事项应由经办人员说明原因并附审批依据,确保与经济业务事项相符。

(三)加强支付控制。明确报销业务流程,按照规定办理资金支付手续。签发的支付凭证应当进行登记。使用公务卡结算的,应当按照公务卡使用和管理有关规定办理业务。

(四)加强支出的核算和归档控制。由财会部门根据支出凭证及时准确登记账簿;与支出业务相关的合同等材料应当提交财会部门作为账务处理的依据。

第三十一条 根据国家规定可以举借债务的单位应当建立健全债务内部管理制度,明确债务管理岗位的职责权限,不得由一人办理债务业务的全过程。大额债务的举借和偿还属于重大经济事项,应当进行充分论证,并由单位领导班子集体研究决定。

单位应当做好债务的会计核算和档案保管工作。加强债务的对账和检查控制,定期与债权人核对债务余额,进行债务清理,防范和控制财务风险。

第三节 政府采购业务控制

第三十二条 单位应当建立健全政府采购预算与计划管理、政府采购活动管理、验收管理等政府采购内部管理制度。

第三十三条 单位应当明确相关岗位的职责权限,确保政府采购需求制定与内部审批、招标文件准备与复核、合同签订与验收、验收与保管等不相容岗位相互分离。

第三十四条 单位应当加强对政府采购业务预算与计划的管理。建立预算编制、政府采购和资产管理等部门或岗位之间的沟通协调机制。根据本单位实际需求和相关标准编制政府采购预算,按照已批复的预算安排政府采购计划。

第三十五条 单位应当加强对政府采购活动的管理。对政府采购活动实施归口管理,在政府采购活动中建立政府采购、资产管理、财会、内部审计、纪检监察等部门或岗位相互协调、相互制约的机制。

单位应当加强对政府采购申请的内部审核,按照规定选择政府采购方式、发布政府采购信息。对政府采购进口产品、变更政府采购方式等事项应当加强内部审核,严格履行审批手续。

第三十六条 单位应当加强对政府采购项目验收的管理。根据规定的验收制度和政府采购文件,由指定部门或专人对所购物品的品种、规格、数量、质量和其他相关内容进行验收,并出具验收证明。

第三十七条 单位应当加强对政府采购业务质疑投诉答复的管理。指定牵头部门负责、相关部门参加,按照国家有关规定做好政府采购业务质疑投诉答复工作。

第三十八条 单位应当加强对政府采购业务的记录控制。妥善保管政府采购预算与计划、各类批复文件、招标文件、投标文件、评标文件、合同文本、验收证明等政府采购业务相关资料。定期对政府采购业务信息进行分类统计,并在内部进行通报。

第三十九条 单位应当加强对涉密政府采购项目安全保密的管理。对于涉密政府采购项目,单位应当与相关供应商或采购中介机构签订保密协议或者在合同中设定保密条款。

第四节 资产控制

第四十条 单位应当对资产实行分类管理，建立健全资产内部管理制度。

单位应当合理设置岗位，明确相关岗位的职责权限，确保资产安全和有效使用。

第四十一条 单位应当建立健全货币资金管理岗位责任制，合理设置岗位，不得由一人办理货币资金业务的全过程，确保不相容岗位相互分离。

（一）出纳不得兼管稽核、会计档案保管和收入、支出、债权、债务账目的登记工作。

（二）严禁一人保管收付款项所需的全部印章。财务专用章应当由专人保管，个人名章应当由本人或其授权人员保管。负责保管印章的人员要配置单独的保管设备，并做到人走柜锁。

（三）按照规定应当由有关负责人签字或盖章的，应当严格履行签字或盖章手续。

第四十二条 单位应当加强对银行账户的管理，严格按照规定的审批权限和程序开立、变更和撤销银行账户。

第四十三条 单位应当加强货币资金的核查控制。指定不办理货币资金业务的会计人员定期和不定期抽查盘点库存现金，核对银行存款余额，抽查银行对账单、银行日记账及银行存款余额调节表，核对是否账实相符、账账相符。对调节不符、可能存在重大问题的未达账项应当及时查明原因，并按照相关规定处理。

第四十四条 单位应当加强对实物资产和无形资产的管理，明确相关部门和岗位的职责权限，强化对配置、使用和处置等关键环节的管控。

（一）对资产实施归口管理。明确资产使用和保管责任人，落实资产使用人在资产管理中的责任。贵重资产、危险资产、有保密等特殊要求的资产，应当指定专人保管、专人使用，并规定严格的接触限制条件和审批程序。

（二）按照国有资产管理相关规定，明确资产的调剂、租借、对外投资、处置的程序、审批权限和责任。

（三）建立资产台账，加强资产的实物管理。单位应当定期清查盘点资产，确保账实相符。财会、资产管理、资产使用等部门或岗位应当定期对账，发现不符的，应当及时查明原因，并按照相关规定处理。

（四）建立资产信息管理系统，做好资产的统计、报告、分析工作，实现对资产的动态管理。

第四十五条　单位应当根据国家有关规定加强对对外投资的管理。

（一）合理设置岗位，明确相关岗位的职责权限，确保对外投资的可行性研究与评估、对外投资决策与执行、对外投资处置的审批与执行等不相容岗位相互分离。

（二）单位对外投资，应当由单位领导班子集体研究决定。

（三）加强对投资项目的追踪管理，及时、全面、准确地记录对外投资的价值变动和投资收益情况。

（四）建立责任追究制度。对在对外投资中出现重大决策失误、未履行集体决策程序和不按规定执行对外投资业务的部门及人员，应当追究相应的责任。

第五节　建设项目控制

第四十六条　单位应当建立健全建设项目内部管理制度。

单位应当合理设置岗位，明确内部相关部门和岗位的职责权限，确保项目建议和可行性研究与项目决策、概预算编制与审核、项目实施与价款支付、竣工决算与竣工审计等不相容岗位相互分离。

第四十七条　单位应当建立与建设项目相关的议事决策机制，严禁任何个人单独决策或者擅自改变集体决策意见。决策过程及各方面意见应当形成书面文件，与相关资料一同妥善归档保管。

第四十八条　单位应当建立与建设项目相关的审核机制。项目建议书、可行性研究报告、概预算、竣工决算报告等应当由单位内部的规划、技术、财会、法律等相关工作人员或者根据国家有关规定委托具有相应资质的中介机构进行审核,出具评审意见。

第四十九条 单位应当依据国家有关规定组织建设项目招标工作,并接受有关部门的监督。

单位应当采取签订保密协议、限制接触等必要措施,确保标底编制、评标等工作在严格保密的情况下进行。

第五十条 单位应当按照审批单位下达的投资计划和预算对建设项目资金实行专款专用,严禁截留、挪用和超批复内容使用资金。财会部门应当加强与建设项目承建单位的沟通,准确掌握建设进度,加强价款支付审核,按照规定办理价款结算。实行国库集中支付的建设项目,单位应当按照财政国库管理制度相关规定支付资金。

第五十一条 单位应当加强对建设项目档案的管理。做好相关文件、材料的收集、整理、归档和保管工作。

第五十二条 经批准的投资概算是工程投资的最高限额,如有调整,应当按照国家有关规定报经批准。

单位建设项目工程洽商和设计变更应当按照有关规定履行相应的审批程序。

第五十三条 建设项目竣工后,单位应当按照规定的时限及时办理竣工决算,组织竣工决算审计,并根据批复的竣工决算和有关规定办理建设项目档案和资产移交等工作。

建设项目已实际投入使用但超时限未办理竣工决算的,单位应当根据对建设项目的实际投资暂估入账,转作相关资产管理。

第六节 合同控制

第五十四条 单位应当建立健全合同内部管理制度。

单位应当合理设置岗位,明确合同的授权审批和签署权限,妥善保管和使用合同专用章,严禁未经授权擅自以单位名义对外签订合同,严禁违规签订担保、投资和借贷合同。

单位应当对合同实施归口管理,建立财会部门与合同归口管理部门的沟通协调机制,实现合同管理与预算管理、收支管理相结合。

第二章　事业单位内部控制的背景

第五十五条　单位应当加强对合同订立的管理，明确合同订立的范围和条件。对于影响重大、涉及较高专业技术或法律关系复杂的合同，应当组织法律、技术、财会等工作人员参与谈判，必要时可聘请外部专家参与相关工作。谈判过程中的重要事项和参与谈判人员的主要意见，应当予以记录并妥善保管。

第五十六条　单位应当对合同履行情况实施有效监控。合同履行过程中，因对方或单位自身原因导致可能无法按时履行的，应当及时采取应对措施。

单位应当建立合同履行监督审查制度。对合同履行中签订补充合同，或变更、解除合同等应当按照国家有关规定进行审查。

第五十七条　财会部门应当根据合同履行情况办理价款结算和进行账务处理。未按照合同条款履约的，财会部门应当在付款之前向单位有关负责人报告。

第五十八条　合同归口管理部门应当加强对合同登记的管理，定期对合同进行统计、分类和归档，详细登记合同的订立、履行和变更情况，实行对合同的全过程管理。与单位经济活动相关的合同应当同时提交财会部门作为账务处理的依据。

单位应当加强合同信息安全保密工作，未经批准，不得以任何形式泄露合同订立与履行过程中涉及的国家秘密、工作秘密或商业秘密。

第五十九条　单位应当加强对合同纠纷的管理。合同发生纠纷的，单位应当在规定时效内与对方协商谈判。合同纠纷协商一致的，双方应当签订书面协议；合同纠纷经协商无法解决的，经办人员应向单位有关负责人报告，并根据合同约定选择仲裁或诉讼方式解决。

第五章　评价与监督

第六十条　单位应当建立健全内部监督制度，明确各相关部门或岗位在内部监督中的职责权限，规定内部监督的程序和要求，对内部控制建立与实施情况进行内部监督检查和自我评价。

内部监督应当与内部控制的建立和实施保持相对独立。

第六十一条　内部审计部门或岗位应当定期或不定期检查单位内部管理制度和机制的建立与执行情况，以及内部控制关键岗位及人员的设置情况等，及时发现内部控制存在的问题并提出改进建议。

第六十二条　单位应当根据本单位实际情况确定内部监督检查的方法、范围和频率。

第六十三条　单位负责人应当指定专门部门或专人负责对单位内部控制的有效性进行评价并出具单位内部控制自我评价报告。

第六十四条　国务院财政部门及其派出机构和县级以上地方各级人民政府财政部门应当对单位内部控制的建立和实施情况进行监督检查，有针对性地提出检查意见和建议，并督促单位进行整改。

国务院审计机关及其派出机构和县级以上地方各级人民政府审计机关对单位进行审计时，应当调查了解单位内部控制建立和实施的有效性，揭示相关内部控制的缺陷，有针对性地提出审计处理意见和建议，并督促单位进行整改。

第六章　附则

第六十五条　本规范自2014年1月1日起施行。

第三章　事业单位内部控制体系

事业单位内部控制的概念解读

《行政事业单位内部控制规范（试行）》第三条对内部控制做出概念界定："本规范所称内部控制，是指单位为实现控制目标，通过制定制度、实施措施和执行程序，对经济活动的风险进行防范和管控。"风险"防范和管控"可以理解为具体管理活动。《企业内部控制基本规范》中对内部控制的概念界定为："由企业董事会、监事会、经理层和全体员工实施的、旨在实现控制目标的过程。"这里显然侧重于内部控制是管理过程。从事业单位的目标、任务和运行机制而言，内部控制应该是为实现控制目标的理念、方法、措施、活动及过程的统称。事业单位内部控制可以从以下几个方面理解：

（一）内部控制理念为先

内部控制一定是从防控风险的目的出发而设置的一个管理控制体系，单位做内控不是只做给别人看，一定是领导者有风险防范的意识和理念，是高层管理者结合单位发展目标和管理现状而形成的一种必要性判断和需求，具体化而成为一系列特殊的管理控制活动。所以，内控一定是理念为先，没有理念支撑的内控就像是无源之水，不能持续。

（二）内部控制重在过程

内部控制一定是结合具体的业务过程或管理过程的一个体系，以控制业务活动方向，调整管理活动的力度，保证风险可控，业务活动和管理活动合理可行。内控仅停留在理念，不深入到过程，不形成和业务相结合的控制流程，一定不是事业单位真正需要的内控。

（三）内部控制效在方法

内部控制的方法有多种，可以选择使用。就像各种各样的工具，效能不一样，适用的劳动环境也不一样，应依据工作对象选择好用、效率高的工具。具体的控制环节一定需要匹配合适的控制方法，才能做到有效控制。

（四）内部控制依托制度

现代管理是依托制度的管理，控制是管理的基本职能之一，内部控制实施的背后一定是从防控风险出发，形成独立的或与其他制度相融合的管理制度体系。内控的依据一定不仅仅是内控手册，手册是对核心控制内容的要求，单位执行的各种各样的制度也是内控体系不可或缺的依托。

（五）内部控制需要环境

内部控制的有效性和内控实施的环境相关。内部控制环境主要包括：组织使命、组织文化、核心价值观、社会责任、发展方针、运营理念和战略目标、领导素质、权限分配、组织架构、人力资源政策等。庄稼需要好的土壤才能生长和收获，好的内部控制一定要匹配适应的内部控制环境才能有效发挥作用。所以，内控设计要考虑内控环境的影响，内控实施需要不断优化内控环境，提升内控和环境的匹配度。

内部控制的目标

内部控制通过有效的组织机构及职责权限，依据一系列的监督与评价制度，采用适当的内部控制方法对单位各类业务和职能活动施加控制，以达到控制业务活动风险、实现组织目标的目的。结合事业单位具体业务活动及风险分布领域，其内部控制有五大目标：

1. 合理保证单位经济活动合法合规（合规目标）。
2. 合理保证资产安全和使用有效（安全目标）。
3. 合理保证财务信息真实完整（报告目标）。
4. 有效防范舞弊和预防腐败（预防目标）。
5. 提高公共服务的效率和效果（运营目标）。

内部控制的原则

单位建立与实施内部控制，应当遵循下列原则：

（一）全面性原则

内部控制应当贯穿单位经济活动的决策、执行和监督全过程，实现对经济活动的全面控制。内部控制应当覆盖单位的全部经济活动，实现全方位控制；应当将内部控制的思想、制衡机制和控制措施落实到经济活动的各个环节，实现全过程控制；应当对单位所有相关人员包括对单位负责人进行控制，实现全员控制。

（二）重要性原则

在全面控制的基础上，内部控制应当关注单位重要经济活动和经济活动的重大风险，对本单位的重要经济活动的业务环节采取更为严格的控制措施，对经济活动的重大风险环节采取更为严格的控制措施。

（三）制衡性原则

内部控制应当在单位内部的部门管理、职责分工、业务流程等方面相互制约和相互监督。确保不同部门、岗位之间权责分明、相互制约、相互监督，同时兼顾运行效率。

（四）适应性原则

内部控制应当符合国家有关规定和单位的实际情况，并随着外部环境的变化、单位经济活动的调整和管理要求的提高，不断修订和完善。内部控制应当与本单位性质、业务范围、经济活动的特点、风险水平相适应。内部控制应当与所处内外环境相适应,根据新的变化和要求及时完善制度、改进措施和调整程序。

风险评估

风险评估是指按照一定的程序,采取定性或定量的方法,识别和分析经济活动风险发生的可能程度及造成的后果,为选择风险应对策略、制定风险控制措施提供依据。一般来说,单位经济活动的主要风险包括:单位经济活动不合法或不合规;国有资产流失、资源使用效益低下;财务信息不真实、不完整;发生舞弊或腐败现象以及其他风险。

为有效识别、评估风险,单位应建立经济活动风险定期评估机制,对经济活动存在的风险进行全面、系统和客观的评估。外部环境、经济活动或管理要求等发生重大变化的,应及时对经济活动风险进行重估。单位还应当对高风险经济活动进行不定期评估。

单位开展经济活动风险评估,应成立风险评估工作小组,由单位领导担任组长,由财会、资产管理、采购、基本建设、内部审计、纪检监察等部门或岗位抽调关键工作人员或技术专家作为工作小组的成员。风险评估工作小组的职责包括:制定风险评估实施方案,确定风险评估的内容、标准、时点、程序和方法;组织各部门梳理每一类经济活动的流程,按流程排查风险点,制定风险控制措施;讨论并确定单位重要经济活动和经济活动的重大风险,确定风险应对策略;做好风险的汇总、整理和分析工作,经济活动风险评估结果应当形成书面报告。

实施风险评估通常按照目标设定、风险识别、风险分析和风险应对四个步骤开展工作。

(一)目标设定

风险评估小组应当根据各项经济活动的特点,采取恰当的程序设定具体风险控制目标，设定的目标应符合单位实际情况和内部控制要求。

（二）风险识别

根据设定的具体目标，选择合适的方法，从单位层面和业务层面识别并找出各项经济活动的具体风险，对各种风险进行梳理、汇总，形成风险点清单。

（三）风险分析

在风险识别的基础上，运用定量和定性方法进一步分析风险发生的可能性和对控制目标实现的影响程度，对风险进行排序，明确重要风险和一般风险，确定内部控制需要重点关注和优先控制的风险点

（四）风险应对

在风险分析的基础上，针对单位所存在的风险，选择风险应对策略，根据内部控制的目标、原则，选择合适的内部控制方法，提出风险解决方案，制定风险控制措施。

风险评估结果应当形成书面报告并及时提交单位领导班子，作为完善内部控制的依据。风险评估报告一般应包括以下内容：（1）风险评估工作组织情况，包括风险评估活动的工作机制，风险评估的范围，风险评估的标准、程序、时点和方法，收集的资料和证据等情况。（2）发现的风险因素，包括单位层面的风险因素和业务层面的风险因素。（3）风险的分析。根据风险发生的可能性和风险影响程度对发现的风险因素进行分析，然后进行排序，指出重大和重要的风险因素，提醒单位领导班子和相关部门重点关注。（4）风险应对策略及具体控制措施建议。针对单位所存在的风险，提出各种解决方案，拟定风险应对策略，选择控制方法，制定控制措施。

风险评估的内容包括单位层面的风险评估和业务层面的风险评估。

单位层面的风险评估应主要关注：（1）内部控制工作的组织情况。包括是否确定了内部控制职能部门或牵头部门；是否建立了单位各部门在内

部控制中的沟通协调和联动机制。（2）内部控制机制的建设情况。包括经济活动的决策、执行、监督是否实现有效分离；权责是否对等；是否建立健全了议事决策机制、岗位责任制、内部监督等机制。（3）内部管理制度的完善情况。包括内部管理制度是否健全；执行是否有效。（4）内部控制关键岗位工作人员的管理情况。包括是否建立了工作人员的培训、评价、轮岗等机制；工作人员是否具备相应的资格和能力。（5）财务信息的编报情况。包括是否按照国家统一的会计制度对经济业务事项进行账务处理；是否按照国家统一的会计制度编制财务会计报告。（6）其他相关情况。

  业务层面的风险评估应主要关注：（1）预算管理情况。包括在预算编制过程中单位内部各部门间沟通协调是否充分，预算编制与资产配置是否相结合、与具体工作是否相对应；是否按照批复的额度和开支范围执行预算，进度是否合理，是否存在无预算、超预算支出等问题；决算编报是否真实、完整、准确、及时。（2）收支管理情况。包括收入是否实现归口管理，是否按照规定及时向财会部门提供收入的有关凭据，是否按照规定保管和使用印章和票据等；发生支出事项时是否按照规定审核各类凭据的真实性、合法性，是否存在使用虚假票据套取资金的情形。（3）政府采购管理情况。包括是否按照预算和计划组织政府采购业务；是否按照规定组织政府采购活动和执行验收程序；是否按照规定保存政府采购业务相关档案。（4）资产管理情况。包括是否实现资产归口管理并明确使用责任；是否定期对资产进行清查盘点，对账实不符的情况及时进行处理；是否按照规定处置资产。（5）建设项目管理情况。包括是否按照概算投资；是否严格履行了审核审批程序；是否建立了有效的招投标控制机制；是否存在截留、挤占、挪用、套取建设项目资金的情形；是否按照规定保存建设项目相关档案并及时办理移交手续。（6）合同管理情况。包括是否实施了合同归口管理；是否明确了应签订合同的经济活动范围和条件；是否有效监控了合同履行、实施情况，是否建立了合同纠纷协调机制。（7）其他相关情况。

内部控制方法

内部控制的目标是通过采用具体而有效的控制方法来达成的。控制方法是为控制某项风险而有针对性地采取的方法，控制方法应用到具体业务过程便是具体的控制措施。经常采用的内部控制方法主要有以下几种：

（一）不相容岗位相互分离

合理设置内部控制关键岗位，明确划分职责权限，实施相应的分离措施，形成相互制约、相互监督的工作机制。

（二）内部授权审批控制

明确各岗位办理业务和事项的权限范围、审批程序和相关责任，建立重大事项集体决策和会签制度。相关工作人员应当在授权范围内行使职权、办理业务。

（三）归口管理

根据本单位实际情况，按照权责对等的原则，采取成立联合工作小组并确定牵头部门或牵头人员等方式，对有关经济活动实行统一管理。

（四）预算控制

强化对经济活动的预算约束，使预算管理贯穿于单位经济活动的全过程。

（五）财产保护控制

建立资产日常管理制度和定期清查机制，采取资产记录、实物保管、定期盘点、账实核对等措施，确保资产安全、完整。

（六）会计控制

建立健全本单位财会管理制度，加强会计机构建设，提高会计人员业务水平，强化会计人员岗位责任制，规范会计基础工作，加强会计档案管理，明确会计凭证、会计账簿和财务会计报告处理程序。

（七）单据控制

根据国家有关规定和单位的经济活动业务流程，在内部管理制度中明确界定各项经济活动所涉及的表单和票据，要求相关工作人员按照规定填制、审核、归档、保管单据。

（八）信息内部公开

建立健全经济活动相关信息内部公开制度，根据国家有关规定和单位的实际情况，确定信息内部公开的内容、范围、方式和程序。

控制活动

控制活动是指单位根据风险评估结果，采取相应的控制措施，将风险控制在可承受限度之内。控制活动直观表现为单位的控制指令得以贯彻执行的政策和程序，它存在于整个单位的所有部门和所有的业务活动之中。控制活动按照不同的分类标准可以划分为不同的类型。

按控制活动的目标划分，可分为：（1）战略目标控制活动，指能够满足战略目标实现的控制活动。（2）经营目标控制活动，指能够满足经营活动效率与效果的控制活动。（3）报告目标控制活动，指能够满足报告目标的控制活动。（4）合规性目标控制活动，指能够满足合规性目标的控制活动。（5）资产安全目标控制活动，指能够满足资产安全目标的控制活动。

按控制活动的内容划分，可分为单位层面控制和业务层面控制。单位层面控制是指那些对于单位的整个内部控制体系具有广泛影响的控制，如组织、文化、人力资源以及对内部控制的自我评价等。业务层面控制是指直接作用于单位业务活动的具体控制，亦称业务控制，如业务处理程序中的批准与授权、审核与复核，以及为保证资产安全而采用的限制接近等控制。

按控制活动的作用划分，控制活动可分为预防性控制和发现性控制。

预防性控制是指为防止错误和非法行为的发生，或尽量减少其发生机会所进行的一种控制。发现性控制是指为及时查明已发生的错误和非法行为，或增强发现错误和非法行为机会的能力所进行的各项控制。

按控制活动的手段划分，控制活动可分为人工控制（手工控制）和自动控制。人工控制（手工控制）是以人工方式执行的控制。自动控制是由计算机等系统自动执行的控制。

单位层面内部控制

单位对经济活动的控制包括单位层面的控制和业务层面的控制。单位层面的控制是业务层面控制的基础，包括内部控制的组织机构、议事决策机制、关键岗位责任制、会计机构及人员、内部控制信息化建设和内部控制文化建设等控制要求。

（一）内部控制工作领导小组

事业单位开展内部控制，应当成立内部控制工作领导小组，单位负责人担任组长，对本单位内部控制的建立健全和有效实施负责。内部控制工作领导小组的主要职责有：（1）对内部控制工作实施领导和指挥，明确各部门（岗位）在内部控制体系中的分工和职责。（2）监督内部控制工作进度，解决内部控制工作中的重点和难点问题。（3）负责审批与内部控制、风险评估、内控评价等有关的政策和制度，对内部控制工作各阶段的成果进行验收、确认。（4）领导内部监督部门对内部控制执行情况进行监督和评价，督促相关部门对内部控制制度进行修订和完善。

（二）内部控制职能部门

单位应当单独设置内部控制职能部门或者确定内部控制牵头部门，具体负责组织协调内部控制工作。同时，应当充分发挥财会、内部审计、纪检监察、政府采购、基建、资产管理等部门或岗位在内部控制中的作用。内部控制职能部门的主要职责有：（1）具体负责组织协调单位内部控制日常工作。（2）拟定内部控制工作方案或计划，组织开展内部控制工作。（3）协助风险评估小组开展风险评估工作。（4）整理单位内部控制工作成果并组织对相关人员的培训。（5）组织相关部门对内部控制进行整改和完善。

（三）内部控制监督部门

单位审计部门可行使内部控制监督职能，主要职责有：（1）制定内部控制监督办法，对内部控制进行审计和监督。（2）制定内部控制评价办法，对内部控制的有效性进行评价。（3）督促相关部门对内部控制进行整改和完善。

（四）明确相关业务部门内控职责

内部控制相关业务部门的主要职责有：（1）负责对本部门经济活动及业务流程进行梳理和风险评估。（2）负责本部门内部控制制度的建立健全和有效执行。（3）建立与其他部门的沟通协调机制，充分发挥各部门的作用。（4）加强对本部门实施内部控制的日常监控并持续进行完善。

（五）单位决策控制

单位应当建立健全集体研究、专家论证和技术咨询相结合的议事决策机制。重大经济事项的内部决策，应当由单位领导班子集体研究决定。重大经济事项的认定标准应当根据有关规定和本单位实际情况确定，一经确定，不得随意变更。单位的重大经济事项一般包括：大额资金使用、大宗资产采购、基本建设项目、重大外包业务、对外投资和融资业务、重大资产处置以及预算调整等。单位领导班子集体由党委、行政和纪检的主要领导组成。领导班子议事决策规则应当包括议事成员的构成、决策事项的范围、投票表决规则、决策纪要的撰写、流转和保存以及决策事项的贯彻落实和监督程序等。

单位经济活动的决策、执行和监督应当相互分离。建立相互分离的决策、执行和监督机制应当适应单位的实际情况，可以根据经济活动的特点建立联合工作机制。

（六）执行控制

单位可对各项经济活动确定归口管理部门或岗位，明确办理业务和事项的权限范围、授权审批方式、审批程序和相关责任。经济业务审批人应当在授权范围内进行审批，不得超越审批权限。业务经办人应当在授权范围内，按照审批人的批准意见办理业务。严禁未经授权的机构或人员办理业务。

单位应当建立健全内部控制关键岗位责任制，明确岗位职责及分工，确保不相容岗位相互分离、相互制约和相互监督。单位应当实行内部控制关键岗位工作人员的轮岗制度，明确轮岗周期。不具备轮岗条件的单位应当采取专项审计等控制措施。内部控制关键岗位主要包括预算业务管理、收支业务管理、政府采购业务管理、资产管理、建设项目管理、合同管理以及内部监督等经济活动的关键岗位。内部控制关键岗位工作人员应当具备与其工作岗位相适应的资格和能力。单位应当加强内部控制关键岗位工作人员业务培训和职业道德教育，不断提升其业务水平和综合素质。单位应当以岗位责任书等书面形式，明确关键岗位的专业能力和职业道德要求，明确岗位职责、岗位权力及分工，并按照岗位责任书的要求进行岗位设置、人员配备和人事考核。

岗位设置和授权时应考虑不相容岗位的要求。不相容岗位一般包括：事项申请与审核审批、审核审批与业务执行、业务执行与稽核检查、业务执行与会计记录、会计记录与财产保管、财产保管与清查稽核等。会计领域或会计部门不相容岗位包括：授权批准与业务执行、业务经办与审核、业务经办与会计记录、保管与会计记录、保管与稽核、出纳与会计、会计档案保管与收入、支出、费用、债权债务账目的登记等。

（七）优化控制环境

单位应当充分运用现代科学技术手段加强内部控制。对信息系统建设实施归口管理，将经济活动及其内部控制流程嵌入单位信息系统中，减少或消除人为操纵因素，保护信息安全。单位进行信息系统建设要规范信息系统开发、运行和维护流程，建立用户管理制度、系统数据定期备份制度、信息系统安全保密和泄密责任追究制度等措施，以保护信息安全。

单位应当加强内部控制文化建设。单位领导班子要身体力行，以身作则，带头遵守各项规章制度，在作出重大决策前要虚心听取群众意见，实行集体决策，培育遵纪守法意识。推进单位管理模式的转变，完善各项管理制度、业务流程，明确岗位职责，建立起依靠制度管理的模式，倡导爱岗敬业，培育出良好的内部控制环境。根据内部控制目标的影响程度和不同要求，分别制定适合不同层级人员的职业操守准则或者行为守则，并明确相应的监督约束机制。单位员工应遵守行为守则，加强职业道德修养和业务学习，自觉遵守与单位内部控制有关的各项规定，勤勉尽责。加强内部控制的宣传教育工作，形成先进引导、全员参与、整体互动的局面，构建共同认可的内部控制理念。

业务层面内部控制

事业单位内部控制的对象是事业单位的经济活动。经济活动可抽象为具体的业务，如预算、收支、采购、资产、工程项目、合同等。业务层面的控制是与业务活动密切结合的，以业务活动为控制对象，具体而内容庞杂，往往需要依据业务的特点选择适合的控制方法，不同的业务有不同的控制重点和控制措施。如政府采购业务的重点在合规性控制，资产业务的重点在安全性控制等。依据《行政事业单位内部控制规范（试行）》的要求，事业单位业务层面的控制应包括预算业务控制、收支业务控制、政府采购业务控制、资产控制、建设项目控制、合同控制等内容。本书第 4 章至第 10 章就是在适当分解和取舍的基础上，对事业单位具体业务控制所作的阐述与分析。

第四章　预算业务控制

预算业务控制的目标与内容

　　预算作为事业单位的核心管理业务，是指事业单位根据事业发展计划和任务编制的年度财务收支计划，包括财务收支规模、结构和资金来源渠道等，是财务管理活动的基本依据。预算既是明确事业目标和任务的一种形式，也是事业单位业务活动控制的重要基础和手段，业务活动都要以预算为基础进行。预算将公共服务目标转化为单位内部各部门、各岗位以至个人的具体行为目标，作为单位开展收支业务、采购业务、资产管理等经济活动的约束条件，能够从根本上保证事业单位内部控制目标的实现。所以，加强预算控制，规范预算编制、审批、执行、决算与评价，是加强事业单位内部控制管理的必不可少的内容和手段。

　　虽然预算本身就有控制功能，但也要重视对预算业务过程的控制，以保证实现预算管理目标，发挥预算的控制作用。单位预算业务或预算管理应在财政部门预算管理的整体框架和要求范围内，结合自身业务特点而展开。在遵循财政部门预算批复的口径与规则的基础上，应对财政部门预算在本单位内部进行分解和细化，明确完成工作任务的预算实施部门和实现方式，并通过具体的支出事项来体现，实现预算目标。正常情况下，事业单位应坚持"量入为出、统筹兼顾、确保重点、收支平衡"的总原则，采取目标责任制的预算管理方式，对单位内部预算的编审、批复、执行、追加、调整、决算考评等进行全过程管理。

组织与岗位控制

单位预算控制需要通过组织和岗位体系来实施,事业单位依据《行政事业单位内部控制规范(试行)》的要求,应适当借鉴企业内部控制的一些先进理念,结合各单位自身的特点建立、完善有效的预算组织与岗位体系,明确预算控制中各组织机构的任务职责,确定相关岗位的职责权限,确保预算编制、审批、执行、评价等不相容岗位相互分离。

单位的预算管理需要单位内部各个部门的参与配合,除了作为核心部门的单位财务部门外,还涉及单位内设业务部门、单位归口统筹部门等相关职能部门。可以说预算管理就是整个单位的内部资源的整合优化的过程,需要单位全员、全部门、全过程的参与。当然参与程度和职责范围各有不同。

(一) 预算管理组织机构

一般单位预算管理实行"标准统一、归口统筹、集体决策、分级执行"的层级管理形式,具体划分为预算决策机构、预算日常管理机构及单位内部预算实施机构三个层级的预算管理组织体系。

单位领导办公会议是单位预算决策机构,也有单位专门设置预算管理委员会作为预算决策机构。其主要职责是:决定单位预算管理政策,提出年度预算编制总体目标和总体要求,研究审定单位财务预决算、重大项目立项和经费分配使用计划,听取预决算执行情况分析报告。

单位财务部门是单位预算日常管理机构,在总会计师或分管领导的领导下开展预算管理的日常工作。财务部门可能会设置专门机构如预算科或预算组,其主要职责包括:负责单位预算日常管理的组织协调工作;审核汇总年度预算、决算草案,负责年度预算调整和追加方案;根据财政预决算批复,按相关规定做好预决算及相关财务数据向社会公开工作;对年度预算执行情况进行分析、考核和检查,通报督办各单位预算执行情况,编写单位预算执行分析报告等。

单位内部预算实施机构具体是指单位内部担负预算执行任务的各业务部门和其他部门。其主要职责包括：编报本部门年度收支预算；分解落实本部门经批复的年度预算并组织实施；撰写本部门年度预算执行分析报告；提出本部门年度预算追加和调整申请；编报本部门年度财务决算等。

(二) 预算日常管理机构——财务部门预算岗位要求

财务部门应根据上级布置的工作目标和单位的发展规划，牵头并组织预算工作的开展，这一工作涵盖预算管理的完整过程（编制、实施、控制、调整、分析、考核）；牵头制定全面预算管理办法，制定预算定额，编制预算编制指导意见，编制单位的总预算，分解单位预算，编制决算报告。

财务部门应设置预算科或预算组来负责预算的日常管理。财务部门从事预算管理的人员应熟悉财政部门及单位的预算管理政策，还应了解单位具体的业务活动，也就是既懂财务也熟悉业务，这样才能准确把握预算编制和执行的真实性和合理性。鉴于预算管理岗位的重要性，应设置必要的岗位胜任条件。

为确保预算控制的有效性和目标的实现，预算管理中应考虑不相容岗位问题，如预算编制方案的制定与审核、预算的编制与审批、预算的审批与执行、预算的编制与执行、预算的编制与调整、预算的执行与评价、预算的评价与考核、预算的执行与监督等。

预算编制与审核

预算编制是事业单位预算管理的起点。单位预算既取决于单位的业务活动目标，也取决于单位所获取的资源。既要依据以前发生的经济活动，又要合理规划未来的业务活动规模，实现财务对业务的支撑和管理。

单位应建立预算编制工作流程，明确编制依据、程序、方法等内容，确保预算编制程序规范、方法科学、编制及时、内容完整、项目细化、数据准确。一般按照上下结合、分级编制、逐级汇总的程序，编制年度预算建议数和预算方案，包括预算建议数的编制上报和预算控制数的下达（"一上一下"）及预算方案的编制上报和预算批复的下达（"二上二下"）两个流程。预算编制的重点是收入预算和支出预算。编制收入预算时，应考虑单位维持正常运转和发展的基本需要，参考上一年预算执行情况，根据本年度的收入增减因素测算编制，实事求是、积极稳妥地合理预算本单位收入规模。编报全口径预算，按照规定必须列入预算的收入应报尽报，不得隐瞒少列收入预算，也不得将上年的非常规性收入作为编制依据夸大收入预算。支出预算编制，应充分考虑经济、政策和管理等方面的因素变化，结合单位发展的各项指标和履行职能的需要，坚持量力而行、量入为出的原则，优先保障基本支出预算，合理安排项目支出预算，不得以支定收，编制赤字预算。

当前，在预算编制环节存在的主要风险是：预算编制程序不规范，可能导致预算不准确，脱离实际；预算编制方法选择不符合实际，可能导致预算编制效率低下，预算数据错误；预算审核批准责任不清晰，标准不明确，可能因重大错差、舞弊而导致单位资源错配，形成资源浪费；预算内容不完整，存在重大遗漏，可能导致无法完成单位重要工作目标；预算审批与下达程序不规范，方法不科学，可能导致预算权威性不足，执行力不够；预算编制与具体工作脱节，可能导致预算流于形式，无法有效执行。针对预算编制环节存在的主要风险点，可采取的控制措施有：

（一）科学测算，形成合理的预算数据

在预算编制过程中要以业务计划为依据，注意单位内部各部门间的沟通协调，预算编制与资产配置相结合，预算指标能与具体工作一一对应。同时，预算编制应在上年度财政收支数据的基础上，根据本单位各部门（下属单位）上报的业务工作计划，对本年度单位财政收支的规模和结构进行预计和测算。单位预算管理部门依据财政预算编报要求，统一部署预

算编报工作。各单位按照规定的预算编报职责、预算编制标准,以及下一年度工作安排,提出预算建议数以及基础申报数据,经单位领导班子审核后,向上提交。

(二) 预算编制逐级审核

各预算单位按照预算编报职责、预算编制标准提出预算建议数以及基础申报数据后,按规定的报送方式,提交至预算管理部门。预算管理部门应对提交的预算建议数和申报数据进行初审,并进行汇总形成预算建议数,交财务部门负责人审核后,提交单位领导审定。单位领导审定后,预算管理部门应按同级财政部门或上级部门规定的格式及要求,报送审核。由于我国政府预算编制时点、人大的审批程序和审批时点的限制,预算编制无法完全与实际业务收支保持一致,难以要求预算编制具有高度的准确性,但事先合理预测可适度弥补。

(三) 预算编制归口审核

预算编制可实行归口部门负责的方式,根据单位内部职责划分,既可以由归口部门负责组织对本单位归口职责范围内的业务事项进行预算的编制与审批,也可以采取归口部门只针对业务部门的预算事项进行专业性审核的方式。如人事部门负责统筹管理并审核批复本单位出国预算;信息化部门可以负责统管并组织编制、审批本单位所有信息化建设项目的预算,也可以只负责对本单位所有业务部门的信息化项目预算方案中的技术方案和预算金额进行专业审核。归口审核主要是对预算事项方案的可行性、计划的科学性、金额的合理性发表专业性审核意见。

(四) 预算编制中的第三方审核

对于建设工程、大型修缮、信息化项目和大宗物资采购等专业性较强的重大事项,可以在预算编审阶段采取立项评审的方式,对预算事项的目的、效果和金额等方面进行综合立项评审。委托外聘专家和机构等第三方进行外部评审更有利于保证预算的合理性。

预算执行控制

预算执行是按预算确定的规则、程序和内容实际开展业务活动、完成财务收支的基本过程。在预算执行环节中应保持单位财务核算和业务活动发生的一致性，建立财务核算工作对预算批复和执行工作的信息反馈与验证机制。

预算执行控制环节的主要风险是：缺乏严格的预算执行授权审批制度，可能导致预算执行随意；预算审批权限及程序混乱，可能导致越权审批、重复审批，降低预算执行效率和严肃性；预算执行过程中缺乏有效监控，可能导致预算执行不力，预算目标难以实现；缺乏健全有效的预算反馈和报告体系，可能导致预算执行情况不能及时反馈和沟通，预算差异得不到及时分析，预算监控难以发挥作用。预算执行中的主要控制措施有：

（一）加强对预算执行的管理

根据批复的预算安排各项收支，明确预算执行审批权限和要求，落实预算执行责任制，确保预算严格有效执行。

（二）加强对预算收入和支出的管理

及时组织预算资金收入，严格控制预算资金支出，不得截留或者挪用应当上缴的预算收入，不得擅自改变预算支出的用途。严格控制超预算支付，调节预算资金收付平衡，防范支付风险。

（三）严格资金支付业务的审批控制

及时制止不符合预算目标的经济行为，确保各项业务和活动都在授权的范围内运行。单位应当就涉及资金支付的预算内事项、超预算事项、预算外事项建立规范的授权批准制度和程序，避免越权审批、违规审批、重复审批现象的发生。对于预算内非常规或金额重大事项，应经过较高的授权批准层审批。对于预算执行申请额度超过本部门可执行预算指标的情况，应先按预算追加调整程序办理可执行预算指标的申请。执行申请经业务负责人审批后，才能交归口部门审核。

（四）建立预算执行实时监控制度

及时发现和纠正预算执行中的偏差。建立预算执行分析机制，定期通报各部门预算执行情况，召开预算执行分析会议，研究解决预算执行中存在的问题，提出改进措施，提高预算执行的有效性。

（五）建立重大预算项目特别关注制度

对于重大预算项目，应当建立预算管理项目库，密切跟踪其实施进度和完成情况，实行严格监控。对于重大的关键性预算指标，也要密切跟踪、检查。

（六）建立预算执行情况预警机制

科学选择预警指标，合理确定预警范围，及时发出预警信号，积极采取应对措施。单位应当推进和实施预算管理的信息化，通过现代信息技术手段控制和监控预算执行，提高预警与应对水平。

（七）控制预算调整

引导预算编制的可行性和合理性。预算调整是指在年度预算执行过程中，由于发生不可抗力、上级部门政策调整、临时工作安排等不可预见因素造成的新增加预算、超过原预算或预算明细更改调整的过程。实际中预算调整不可避免，但预算调整应确保调整程序的规范和完整，不能因简化程序而出现控制漏洞。确因政策性和不可预见因素需作预算调整的，应严格按规定程序，提交预算追加、调整方案报单位财务部门和业务归口部门，经领导审批后，以单位名义拟文报相关政府部门或财政部门进行申请。

预算调整环节的主要风险是：预算调整依据不充分、方案不合理、审批程序不严格，可能导致预算调整随意、频繁，预算失去严肃性和"硬约束"。为此，在有关预算管理制度中应明确预算调整的原则条件，一是预算调整应当符合单位发展规划、年度管理目标和现实状况,重点放在预算执行中出现的重要的、非正常的、不符合常规的关键性差异方面;二是预算调整方案应当客观、合理、可行,在经济上能够实现最优化;三是预算调整应当谨慎,调整频率应予以严格控制,年度调整次数应尽量少。

执行中应规范预算调整程序,严格审批。调整预算一般由预算执行单位逐级向单位领导、办公会议提出书面申请,详细说明预算调整理由、调整建议方案、调整前后预算指标的比较、调整后预算指标可能对单位预算总目标的影响等内容。单位财务部门应当对预算执行单位提交的预算调整报告进行审核分析,集中编制单位年度预算调整方案,提交预算管理委员会。单位预算管理委员会审批预算调整方案时,应当依据预算调整的原则和条件,对于不符合预算调整条件的,坚决予以否决;对于预算调整方案欠妥的,应当协调有关部门和单位研究改进方案,并责成单位财务部门予以修改后再履行审批程序。

预算考核控制

预算考核是指在决算之后,依据决算结果对执行情况进行考评,对立项审核、批复、执行的过程进行综合评价,主要考核预算业务目标和实际执行过程及结果的一致性。

预算考核环节的主要风险是:预算考评机制不健全,或未得到有效实施,可能导致预算执行结果不理想;预算考评不严格、考核过程不透明、考核标准不合理、考核结果不公正,可能导致奖惩不到位,严重影响预算目标的实现,使预算管理流于形式。

针对预算考核的相关风险,可以通过建立健全预算执行考核制度,合理界定预算考核主体和考核对象来进行控制。

建立健全预算执行考核制度。一是建立严格的预算执行考核制度,对各预算执行单位和个人进行考核,将预算目标执行情况纳入考核和奖惩范围,切实做到有奖有惩、奖惩分明。二是制定有关预算执行考核的制度或办法，并认真、严格地组织实施。三是定期组织实施预算考核，预算考核的周期一般应当与年度预算细分周期相一致，即一般按照月度、季度实施考评，预算年度结束后再进行年度总考核。

合理界定预算考核主体和考核对象。预算考核主体分为两个层次：预算管理委员会和内部各级预算责任单位。预算考核对象为单位内部各级预算责任单位和相关个人。界定预算考核主体和考核对象应当主要遵循以下原则：一是上级考核下级原则，即由上级预算责任单位对下级预算责任单位实施考核。二是逐级考核原则，即由预算执行单位的直接上级对其进行考核，间接上级不能隔级考核间接下级。三是预算执行与预算考核相互分离原则，即预算执行单位的预算考核应由其直接上级部门来进行，自己考核自己往往流于形式。

预算考核是大部分单位预算管理和预算控制的软肋，由于此环节的弱化，导致预算失去激励作用，致使无法利用人的主动性去促进提高预算执行效果，这应该也是管理的不足。应该看到，凡是预算考核做得好的单位，预算编制和预算执行也都做得好，结果导向与过程管理的有效结合是保证预算控制有效性的必然途径。

【案例4.1】某事业单位预算管理业务控制流程

一、业务目标

1. 依据单位的职能和事业任务，合理确定单位年度工作任务及目标、计划，合理确定事业收支预算目标，统筹编制事业收支预算，保证预算编制合法、合规、准确、规范。

2. 有效执行预算的审查、汇总、调整和上报程序，保障单位预算的完整性和合理性。

3. 有效监控预算执行，依据预算执行要求，按计划合理有序组织各项事业收入，按预算控制各项支出，保障各项事业任务的有效完成。

4. 按财政部门和主管部门的要求及时完成单位决算工作，保证决算报告信息的真实、完整和准确。

5. 做好预算和决算分析，实施预算执行绩效考评，及时向预算执行部门反馈考评信息，依制度兑现激励和约束。

二、业务风险

1. 预算编报不规范、不及时，或违反有关政策、规定受到处罚。

2. 收入预算偏离业务实际，导致预算收入无法按时或完整实现的目标风险。

3. 支出预算偏离业务实际需求，导致部分事业任务没有预算经费或部分支出预算项目没有在预算年度形成实际支出。

4. 预算基础数据录入错误或未及时更新，上级和本级对编制预算的基础数据核实不准、把关不严导致的操作风险。

5. 预算执行控制措施不到位，出现应收未收或无预算收入、超预算支出等而导致的财务风险。

6. 预算管理缺乏监督或监督不力，预算执行与绩效考核脱节，或考核不合理导致影响职工工作积极性的管理风险。

三、机构、岗位设置和职责分工

1. 预算管理机构设置及分工

（1）单位预算领导小组：由单位负责人牵头，其他单位领导、单位财务部门负责人、财务部门预算管理岗位人员、单位相关业务科室负责人为主要成员，成立单位预算领导小组。单位预算领导小组负责确定单位预算管理目标，明确预算编制思路和编制原则；下达预算目标，提出预算编制要求；对预算、决算草案进行审核，实施对年度预算的调整和追加方案的审核，制定预算执行考核制度和奖惩方案。

（2）单位财务部门为单位预算归口管理部门，对单位预算领导小组负责。负责提出单位年度预算编制的基本要求和政策标准；负责汇总、审核各业务科室、各分支机构提交的预算申报资料和部门预算草案；负责制定单位年度预算、决算草案；负责对上级部门下达的预算任务分解、细化；负责完成预算方案调整和上报；负责拟定单位年度预算调整和追加方案；负责对单位年度预算执行情况进行监督、检查和考核；负责向单位预算领导小组汇报有关预算管理工作。

（3）单位财务部门及各分支机构财务部门应设置预算管理岗位，负责预算编制、上报、执行监控、决算等预算管理任务。

（4）单位各业务部门负责本部门基础数据和年度工作计划的申报；依据单位下达的预算编制要求编制本部门经费预算草案并上报；依据单位下达的部门预算控制数对本部门经费预算进行调整、细化，形成调整后的本部门预算草案；执行已批复的预算，对预算执行和结果进行监控考核；按单位要求做好决算工作。

2. 不相容岗位要求

单位预算管理工作遵循以下不相容岗位相互分离的要求：预算编制（含预算调整）与预算审批相互分离；预算审批与预算执行相互分离；预算执行与预算考核相互分离。

四、控制过程

1. 预算编报工作的部署

（1）单位财务部门预算管理岗依据上级下达的年度预算编制的目标要求和任务安排，制订单位年度预算编报工作方案。工作方案应包括年度预算编制的范围、目标、编制依据、政策标准、任务要求等。

（2）单位财务部门负责人提请单位预算领导小组召开会议，审核预算编报工作方案。财务部门依据预算管理委员会的合理建议，修正并确定单位年度预算编报工作方案。

（3）财务部门组织预算编报工作部署会议，向各科室、各分支机构说明年度预算总体目标和预算编制要求，同时下发年度预算编报工作方案。

（4）各科室、各分支机构依据单位的年度预算编报工作方案，部署安排本部门的预算编报工作。

2. 预算的编制与审批

（1）单位各部门经费预算编制

依据年度预算编报工作方案的具体预算控制目标和工作要求，结合上年度预算经费收支情况，单位机关各科室及各分支机构编制日常及专项经费预算（或计划）。人事部门核定编制人员数量，编制预算年度单位人员经费预算；单位机关各科室、各分支机构编制本部门年度日常和专项业务经费预算；综合科编制预算年度车辆运行经费预算和固定资产购置预算；设施维修科、安全科编制入库项目（财政专项项目）预算及自筹项目预算。各部门经费预算经部门负责人审核后报单位财务部门。

(2) 单位预算草案的编制

单位财务部门应依据上级部门的要求，认真总结分析上年度收支预算执行情况、核实各项基础数据，对各科室（分支机构）报送的经费预算予以审核，重点审查经费预算的完整、合理和准确程度，发现不妥要与相关科室和分支机构协商修改，审核无误后，汇总编制单位预算建议计划。预算建议计划经财务负责人和单位主管领导审核后，提交单位预算领导小组审核，财务部门负责说明预算建议计划编制情况，收集建议，完善预算建议计划。完善后的预算建议计划经单位财务负责人、单位主管领导、单位负责人审批签字后，按程序上报。

单位财务部门依据上级对单位预算建议计划的审查调整意见，编制单位预算草案。预算草案报单位预算领导小组审核，单位财务负责人及单位负责人审批签字后报上级财务部门。

3. 收支预算的分解

(1) 财务部门依据上级主管部门审核批准的收入预算，结合各相关业务科室和下属公司的经营计划，制定单位收入预算分解方案，细化至收入形成的相关科室和部门。各部门将年度收入预算细分为季度、月度等时间进度预算，通过实施分期预算控制，实现年度收入预算目标。

(2) 财务部门依据上级主管部门审核批准的支出预算，结合各相关业务科室的工作计划，制定单位支出预算分解方案，细化分解至具体科室和分公司。各部门将年度预算细分为季度、月度等时间进度预算，通过实施分期预算控制，实现年度支出预算目标。

4. 预算的执行与调整

(1) 单位机关科室及下属分支机构的各项收入应该全部纳入单位预算，实行收支两条线管理。单位财务部门应按照预算管理和财务会计相关制度的规定，设立账簿、统一核算、及时报告。

（2）在编人员经费、日常公用经费、专项公用经费、入库项目专项经费一经审批，一般不做调整。如果确需调整，由财务部门会同相关部门编制预算调整草案，依据规定程序逐级报批。

5. 决算

预算年度终了后，财务部门理清全年的预算收入和支出、核实会计数据，依据上级部门的要求编制单位决算草案，报单位预算领导小组审核。经单位财务负责人及单位负责人审核签字后报上级对口部门。预算和决算信息应依照单位信息公开制度予以公开。

6. 预算监督、考核和评价

（1）财务部门对各部门的预算编制、执行和决算情况进行定期检查或不定期的监督检查，发现问题要予以制止和纠正，定期或不定期的检查要形成文字记录。对预算编制不及时、编制不符合规定要求、不按预算要求执行的，应当纳入部门预算绩效考核。

（2）预算年度终了后，单位各部门、各分支机构应对年度预算的执行情况做出书面总结，预算执行情况总结应经本部门负责人审核后报财务部门。

（3）预算年度终了后，财务部门召集单位预算领导小组工作会议，对全单位的年度预算执行情况进行分析，针对存在的问题提出整改意见，形成年度预算执行评价报告，作为下年度预算编制的依据。

（4）财务部门依据预算管理考核制度，在分析评价年度预算执行情况的基础上，考核各部门预算管理绩效，制定奖惩方案。奖惩方案交单位预算领导小组审批后，予以执行。

（5）预算执行情况考核，应当坚持公开、公平、公正的原则，考核结果应有完整的记录。

五、主要控制点提示

1. 年度预算编报工作方案的编制和发布。
2. 各科室、分支机构年度日常经费预算和专项经费预算的编制、审核、上报。

    3. 下属公司预计利润表及净收益上交计划的编制、审核、上报。

    4. 单位预算建议计划的编制、审核、上报。

    5. 单位预算草案的编制、审核、调整、上报。

    6. 预算执行检查。

    7. 预算管理绩效评价考核。

    六、主要控制文档

1. 单位预算领导小组工作会议纪要

2. 年度预算编报工作方案

3. 人员经费预算

4. 部门年度日常业务经费预算

5. 年度车辆运行经费预算

6. 固定资产购置经费预算

7. 入库项目（财政支出项目）经费预算

8. 单位预算建议计划

9. 单位预算草案

10. 预算执行检查表

11. 预算执行情况总结

12. 年度预算执行评价报告

13. 预算管理绩效考核评价表

14. 预算管理绩效考核奖惩方案

第五章　收入业务控制

事业单位收入的主要内容

事业单位收入是事业单位为开展业务及其他活动依法取得的非偿还性资金。事业单位的收入具有来源渠道多的特点，主要包括财政补助收入、事业收入、上级补助收入、附属单位上缴收入、经营收入和其他收入等。需要注意的是，有代收上缴非税收入的事业单位，其上缴国库或者财政专户的资金也应纳入事业单位收入业务的管理范围。

（一）财政补助收入

即事业单位从同级财政部门取得的各类财政拨款，包括基本支出补助和项目支出补助。

（二）事业收入

即事业单位开展专业业务活动及其辅助活动取得的收入。其中，按照国家有关规定应当上缴国库或者财政专户的资金，不计入事业收入；从财政专户核拨给事业单位的资金和经核准不上缴国库或者财政专户的资金，计入事业收入。

（三）上级补助收入

即事业单位从主管部门和上级单位取得的非财政补助收入。

（四）附属单位上缴收入

即事业单位附属独立核算单位按照有关规定上缴的收入。

（五）经营收入

即事业单位在专业业务活动及其辅助活动之外开展非独立核算经营活动取得的收入，一般采用权责发生制确认收入。

（六）其他收入

规定范围以外的各项收入，包括投资收益、利息收入、捐赠收入等。

采用权责发生制确认的收入，应当在提供服务或者发出存货，同时收讫价款或者取得索取价款的票据时予以确认，并按照实际收到的金额或者有关票据注明的金额进行计量。

收入业务控制的目标和内容

收入业务控制是事业单位加强财务管理，促进单位整体事业目标实现的基础业务，其目标通常包括：（1）各项收入符合国家法律法规的规定。（2）各项收入核算准确及时，相关财务信息真实完整。（3）单位应收款项管理责任明晰，催还机制有效，确保应收尽收。（4）各项收入均应及时足额收缴，并按规定上缴到指定账户，没有账外账和私设"小金库"的情况。（5）票据、印章等保管合理合规，没有因保管不善或滥用而产生错误或舞弊。

收入业务中可能存在的风险包括：（1）收入业务岗位设置不合理，岗位职责不清，不相容岗位未实现相互分离，导致错误或舞弊的风险。（2）各项收入未按照收费许可规定的项目和标准收取，导致收费不规范或乱收费现象发生。（3）违反"收支两条线"管理规定，截留、挪用、私分应缴财政的资金，导致私设"小金库"和资金体外循环。（4）未由财会部门统一办理收入业务，缺乏统一管理和监控，导致收入金额不实，应收未收，单位利益受损。（5）票据、印章管理松散，没有建立完善的制度，存在收入资金流失的风险。

为应对风险，事业单位收入业务通常设置以下几方面的控制：（1）收入业务岗位控制——对收入业务岗位职责、权限范围、工作要求等内容进行控制，避免收入审批与管理中违法行为的发生。(2) 收入业务授权审批控制——对收入项目、来源依据等内容进行控制，按特定的渠道进行分工管理，避免单位不合法、不合理的收入项目出现。(3) 收入票据控制——对票据的入库、发放、使用、销号、结存等环节进行控制，避免违规使用票据的情况发生。(4) 收入执行控制——对收入经费的征收、管理、账务处理等环节进行控制，严防单位收入流失。

收入业务岗位控制

单位的各项收入应当由财会部门归口管理，统一进行会计核算，及时、完整地记录、反映单位的收入业务。收入应当全部纳入单位预算，严禁设置账外账和"小金库"。业务部门应当在涉及收入的合同协议签订后及时将合同等有关材料提交财会部门作为账务处理依据，确保各项收入应收尽收，及时入账。

收入业务执行过程中，如果存在职责分工不明确、岗位责任不清晰、权限设置不合理、关键岗位权力过大、监督审核缺少等情况，就极易产生错误及徇私舞弊的现象。如果收入业务岗位、会计核算岗位、资金收付岗位缺少相互牵制，就容易产生坐收坐支或挪用公款等具体问题，从而引发收入流失和资金使用的风险。

单位应当合理设置岗位，明确相关岗位的职责权限。收入业务的不相容岗位至少包括收入预算的编制和批准、票据的使用和保管、收入的征收与减免审批、收款与会计核算等。事业单位应通过明确划分职责权限设置岗位，加强岗位之间的相互制约和监督，以达到事前防范、事中控制，防止差错和舞弊，预防腐败的目的。

收入业务授权控制

目前事业单位的财务审批权有过于集中的缺点,并且缺乏必要的监督。授权审批环节执行不严格,如经办部门负责人、主办会计和分管财务负责人没有严格按程序和权限审批并签章,或部门负责人不对收费申请进行认真审批、不严格审核收费过程的合规性,就容易造成收费环节的风险。

事业单位收入业务授权审批控制是针对财政补助收入、事业收入、上级补助收入、附属单位上缴收入、经营收入和其他收入等实施的控制措施,其控制流程如图 5.1 所示:

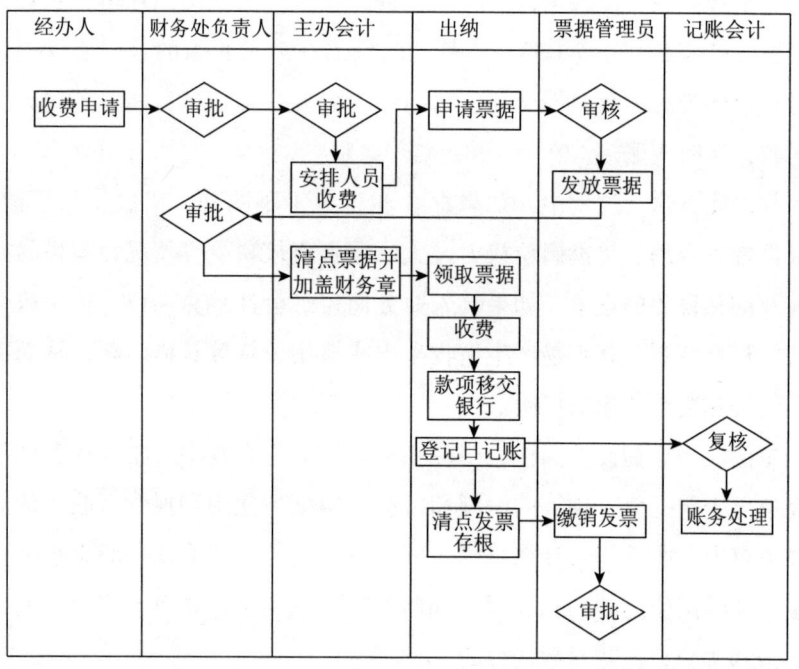

图 5-1 事业单位收入业务的授权审批控制流程

有政府非税收入收缴职能的事业单位,应当按照规定项目和标准征收政府非税收入。非税收入是单位依法使用政府权力、政府信誉、国家资源、国有资产或提供特殊公共服务、准公共服务取得的并用于满足社会公共需要或准公共需要的财政资金。非税收入包括行政事业性收费、政府性基金、国有资源有偿使用收入、国有资产有偿使用收入、国有资本经营收益、彩票公益金、罚没收入、专项收入等。

事业单位针对行政事业性收费、政府性基金、国有资产、资源收益、罚没（罚金）收入、代结算收入等的授权审批流程是不同的。

对行政事业性收费，执收人员向缴费义务人开具非税收入管理局统一监制的收费通知或决定；

对经常性收费（含政府性基金、国有资产、资源收益等），执收人员向缴费义务人开具非税收入管理局统一监制的收费通知或决定；

对罚没（罚金）收入，执收人员对违法人员送达行政处罚决定书；

对代结算收入（暂扣款、预收款、保证金、诉讼费等），执收人员向缴费义务人开具收费通知。

收费人员对收费项目和收费标准进行审核并开具非税收入缴款书；

缴款义务人将款项缴入非税收入汇缴结算户；缴款义务人如对收费通知、决定有异议，可以依法申请行政复议或行政诉讼，但复议或诉讼期间，不停止执行。

减征、免征非税收入的，或缴费义务人因特殊情况需要减征、免征非税收入的，需要遵循以下授权审批流程（如图5.2所示）：

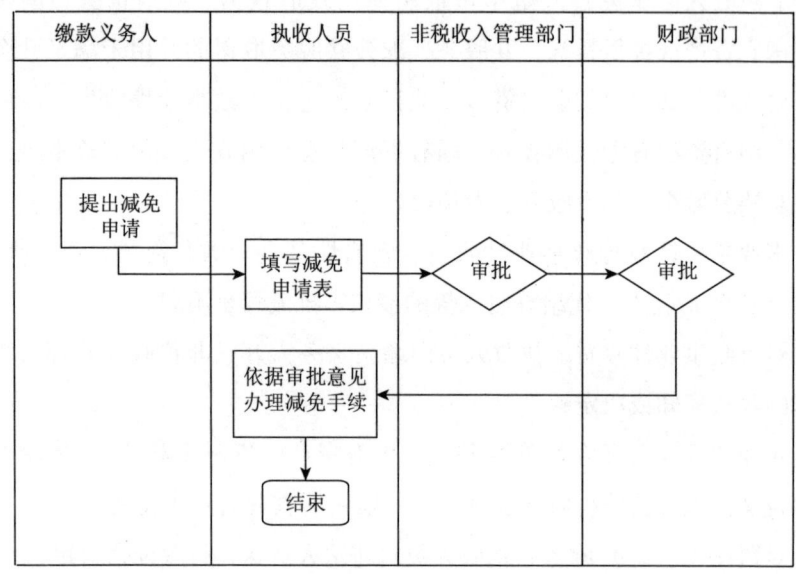

图 5.2 事业单位非税收入减免审批流程

具体过程是首先由缴款义务人提出申请,申请书应注明减免理由及相关法律法规及政策规定,并附有特殊情况的有关证明材料;再由执收人员填制行政事业收费减免审批表,并签署是否同意减征、免征、缓征的意见;之后经单位审批同意,分别报非税收入管理局以及同级财政部门审批后,方可由执收人员办理减免应缴纳的非税收入。

事业性收费应进行分户分类核算,在月末按收费款项划入国库和财政专户,并按月向财政国库部门报送收费进度表。单位依法收取的代结算收入符合返还条件的,由缴费义务人提出返还申请,征收主管签署意见,并经财政部门审核确认后,通过非税收入汇缴结算户直接返还交款人。依照法律法规规定确认为误征、多征的非税收入,由缴款义务人提出申请后,经由财政部门确认,通过非税收入汇缴结算户及时、足额、准确地退还给缴款义务人。已划至国库或财政专户的,则由国库或财政专户直接退付。

收入核算控制

事业单位的各项收入应当由财会部门归口管理并进行会计核算，严禁设立账外账。业务部门应当在涉及收入的合同协议签订后及时将合同等有关材料提交财会部门作为账务处理依据，确保各项收入应收尽收，及时入账。财会部门应当定期检查收入金额是否与合同约定相符；对应收未收的项目应当查明情况，明确责任主体，落实催收责任。

事业单位取得的按照"收支两条线"管理要求，应纳入预算管理或应缴入财政专户的预算外资金，不能直接计入事业收入，应根据上缴方式的不同，直接缴入财政专户或由单位集中后上缴财政专户。根据经过批准的部门预算、用款计划和资金拨付方式，事业单位收到财政专户返还款时，再计入事业收入。

事业单位设置"事业收入"总账科目核算事业收入业务。取得事业收入时的会计分录为：

借：银行存款　　　　　　　　　　　　×××
贷：事业收入　　　　　　　　　　　　×××

年终结账时，按规定将"事业收入"科目贷方余额转到"事业结余"科目，相关会计分录为：

借：事业收入　　　　　　　　　　　　×××
贷：事业结余　　　　　　　　　　　　×××

收入业务票据控制

事业单位应当建立健全票据管理制度。财政票据、发票等各类票据的申领、启用、核销、销毁均应履行规定手续。事业单位对收入业务票据的控制流程如图5.3所示：

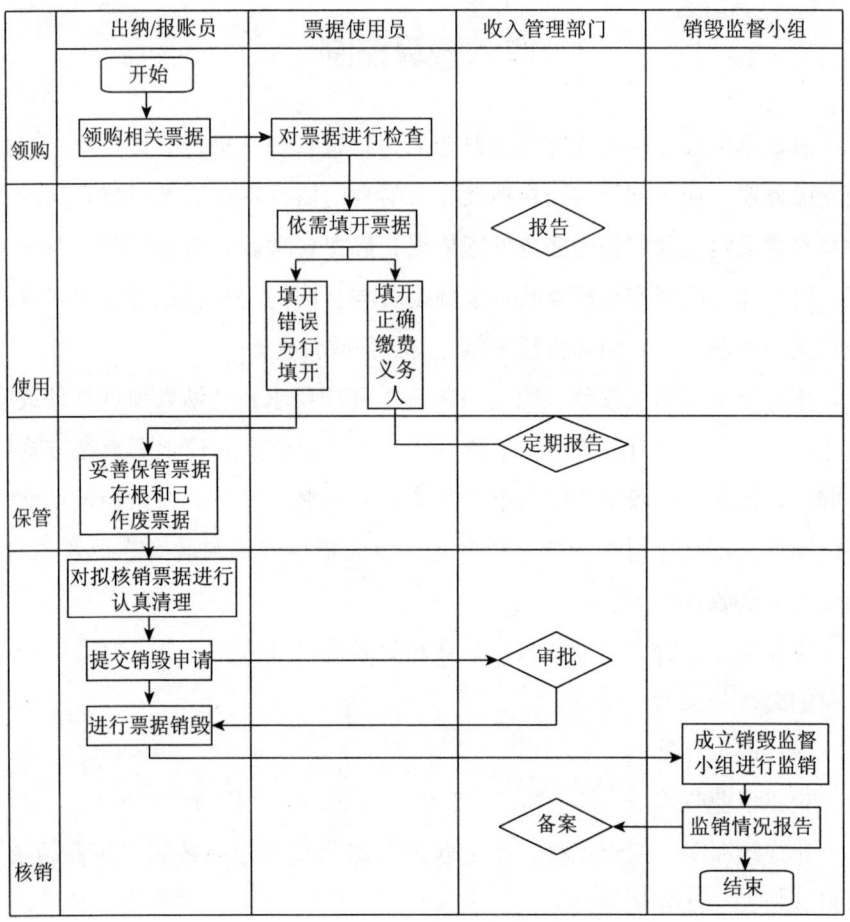

图 5.3 事业单位收入业务票据控制流程

(一) 票据申领

事业单位应按照规定的手续进行财政票据、发票等各类票据的申领，征收非税收入的票据应当由出纳人员从非税收入管理部门统一领购。

(二) 票据启用

事业单位应当按照规定建立票据台账并设置专门管理票据的人员，做好票据的保管和序时登记工作。票据应按照顺序号使用，不得拆本使用，作废票据也要做好管理。负责保管票据的人员要配置单独的保险柜等保管设备。

在非税收入票据启用前，单位应先检查票据有无缺联、缺号、重号等情况，一经发现应及时向非税收入管理部门报告；单位按上级有关规定从上级主管部门领取的专用票据，需经同级非税收入管理部门登记备案后方能使用。

（三）票据保管与使用

事业单位应建立票据台账，全面、如实登记、反映所有票据的入库、发放、使用、销号、结存情况。票据台账所反映的票据结存数必须与库存票据的实际票种及数量一致；对票据进行定期盘点，盘点时应有出纳人员以外的人员参加，确保未使用票据的安全。

事业单位应严格执行票据管理的相关规定，不得违反规定转让、出借、代开、买卖财政票据、发票等票据，不得擅自扩大票据适用范围。设立辅助账簿对票据的转交进行登记；对收取的重要票据，应留有复印件并妥善保管；不得跳号开具票据，不得随意开具印章齐全的空白支票。

（四）票据核销与销毁

事业单位应按规定程序对财政票据、发票等各类票据进行核销与销毁。因填写、开具失误或其他原因导致作废的票据，应予以保存，不得随意处置或销毁。对超过法定保管期限、可以销毁的票据，在履行审批手续后进行销毁，但应当建立销毁清册并由授权人员监销。

执收人员开具非税收入票据时，应做到内容完整，字迹工整，印章齐全。非税收入票据因填写错误而作废的，应加盖作废戳记或注明"作废"字样，并完整保存其各联，不得私自销毁。对于丢失的非税收入票据，应及时登报声明作废，查明原因，并在规定时间内向非税收入管理局提交书面报告；作废的非税收入票据和保管五年以上的票据存根的销毁，应经单位负责人同意后，向非税收入管理部门提出销毁申请，非税收入管理部门审核同意后销毁。

事业单位收入业务票据控制的关键点有以下几点：

1. 出纳人员从非税收入管理部门领取票据、单位按有关规定从上级主管部门领取专用票据，需经同级非税收入管理部门登记备案后方能使用。

2. 执收人员开具非税收入票据时，应做到内容完整，字迹工整，印章齐全。

3. 因填写错误而作废的非税收入票据，应加盖作废戳记或注明"作废"字样，并完整保存其各联，不得私自销毁。

4. 销毁前需认证清理销毁的票据，确保票据开出金额与财务入账金额完全一致。

5. 票据销毁申请需经单位负责人同意后，方能向非税收入管理部门提交。

6. 销毁监督小组由3至5名来自于财务部门、审计部门的工作人员组成。

7. 监毁情况应以小组名义出具，经财务部门负责人和单位负责人签字后，报送非税收入管理部门备案。

【案例5.1】某事业单位违规使用票据

监察部门对某事业单位票据使用情况进行检查时，发现该单位存在严重的票据使用违规情况。具体表现如下：一是不填资金往来结算票据的会计事项却填了往来结算票据。如市级部门拨给区县或区级部门拨给乡镇的工作经费或项目资金，按规定可凭银行结算凭证入账，不应填开往来结算票据，但该单位都向拨款单位开具了资金往来结算票据。二是与税务发票混用，以资金往来结算票据收取应纳税收入，规避纳税义务，造成国家税收流失。三是以代收预收方式将应纳入财政专户管理的非税收入转化为往来款项，导致单位滥用资金往来结算票据，如单位收取赞助费、管理费、培训费、会议费、资料费等，以"暂存款"科目入账，使用时直接冲减"暂存款"。

该单位票据使用的不规范造成了实际收入失真，出现"坐收坐支"以及转移、隐瞒收入，逃避缴纳税款，造成了财政收入减少，滋生了"小金库"等问题。该事业单位为了达到自身利益，蓄意混淆资金性质，故意使用资金往来结算票据收取非税收入，坐收坐支，以逃避财政监管。

【案例5.2】某事业单位（××中心）收入业务流程

一、业务目标

1. 确保收入的确认和计量符合国家法律、法规和内部管理制度的要求。

2. 保证收入的确认及时、准确，收入确认数据被真实、准确、完整地核算和记录，并恰当地体现在财务报告中。

3. 按收入预算合理有序组织各项事业收入，入库收入。

二、业务风险

1. 收入确认和票据使用不符合国家有关法律、法规及行业制度的要求，可能使中心遭受外部处罚，造成经济损失和信誉损失。

2. 管理控制不到位，长期出现应收未收收入或发生收入流失。

3. 收入的核算和记录出现不完整、不准确的情况。

三、机构、岗位设置和职责分工

1. 收入管理机构的设置及分工

（1）中心负责人（或中心分管领导）负责中心各项收入管理制度的审批；负责组织中心收入的监督工作，对违纪行为进行监督和处理。

（2）中心的各项收入由财务科归口管理并进行会计核算。财务科负责人负责组织收入预算的编制，做好中心收入的征收和管理工作，承担收入来源控制、收入预算执行、收入票据管理的监督工作，督促收入业务岗位责任制度的履行。财务科设置收入核算岗位，负责核实各项收入项目来源和依据，保障各项收入及时、完整地核算入账，及时对账，做好中心收入情况反馈和财务状况分析等。出纳岗位负责保管好收入的相关票据和现金，及时登记现金、银行存款及财政专户日记账，及时对账，保障账账相符、账实相符，及时解缴非税收入等。

（3）中心经营科负责各种经营收入的合理实现，依据业务活动的相关合同、协议，及时催收资产出租收入、经营权转让收入及其他经营业务收入。入库项目管理和实施部门（设施维修科、安全科）负责联络协调，保证项目财政拨付资金及时到位。分中心财务部门负责分中心收入的核算和上交。

2. 收入管理不相容岗位要求

中心收入管理工作遵循以下不相容岗位相互分离的要求：收入预算的编制与批准；收款与收入核算；收入票据的使用与保管；收入征收与减免审批。

四、业务流程

1. 收入管理制度的制订

（1）为明确收入业务岗位职责、权限，确保办理收入业务的不相容岗位相互分离、制约和监督，应依据国家法律法规和相关制度，制订中心收入业务各岗位责任制度。收入业务各岗位责任制度由中心财务科会同人事科、经营科、综合科，依据单位实际，协同制订和修订。岗位责任制度经中心主任会议审核通过后下发执行。中心财务科、人事科、经营科对相关收入业务岗位责任的履行进行监督。

（2）针对中心的资产运营收入，中心财务科负责依据上级部门的相关管理要求，制订具体的收入管理办法，经中心主任办公会审核通过后实施。收入管理办法是收入业务管理和实施的依据。

2. 收入业务授权审批

（1）纳入财政预算收入的人员经费、日常公用经费和入库项目拨款按规定程序接收，财务科应将收入信息及时报送中心主任及分管领导阅知。

（2）中心掌控的国有资产出租和经营收入，应由经营科填写收入缴款书（一式三份，一份经营科留存，一份财务科留存，一份做收入凭证附件），收入缴款书用以说明收入来源、收入期间和收入金额，由经营科负责人审核签字，交财务科收入核算岗。收入核算岗依据收入管理办法和相关合同进行复核后，作为收入核对和入账的原始凭证。如上缴收入与收入管理办法或合同有出入，应转财务科负责人、中心主管领导审核。

（3）如出现收入减免情况，收入部门应提交收入减免申请或情况说明，经财务科负责人、中心主管领导、中心主任审批后，以审批意见确认收入。如出现计划外收入，收入部门应提交该收入情况说明，经财务科负责人、中心主管领导、中心主任审批后，以审批意见确认收入。

（4）上缴局的中心事业资产经营收入，应报主管领导审核签字。

3. 收入预算的编制

（见收入预算业务流程，此处略）

4. 收入核算

财务科应依据《××中心会计核算办法》，审核收入业务原始单据，填制记账凭证，登记收入账簿。在系统中填制记账凭证时，应对合同信息、发票信息进行辅助登记，以方便查核。对资产出租和委托经营的收入应根据合同内容和收入情况建立台账，对逾期未收的租赁费和收益，督促相关部门催收，确保收入及时核算。

5. 收入票据管理

（1）税务发票的领购。财务科指定专人负责税务发票的领购；在发票启用前，应检查发票有无缺联、缺号、重号等情况，一经发现及时到税务部门更换或备案。

（2）税务发票的保管。财务科应指定专人负责发票的保管。应建立发票台账（发票领用登记簿），全面、如实登记所有发票的入库、使用、发放、销号、结存等情况。定期（每季度）盘点发票库存，定期盘点应由发票保管人员以外的其他会计人员参加，确保发票库存与发票台账相一致，确保未使用发票的安全。

（3）税务发票的使用。发票应依据真实的，经审核的收入项目和金额开具，应做到发票内容完整，字迹工整，印章齐全。作废发票应加盖"作废"戳记，完整保存发票各联，不得私自销毁。发票遗失应查明原因，及时登报声明作废。财务科指定专人负责税务发票的领购；在发票启用前，应检查发票有无缺联、缺号、重号等情况，一经发现及时到税务部门更换或备案。

（4）其他收入票据。内部收据的使用应符合规范，保管使用参照发票执行。

五、主要控制点

1. 收入的确认，收入缴款书的复核、审核。

2. 收入减免的审批。

3. 建立收入台账。

4. 发票的领用和保管。

六、主要业务文档

1. ××中心收入管理办法

2. ××中心资产租赁及经营权转让收入管理办法

3. 收入业务岗位责任制度

3. 收入减免情况说明

4. 收入预算

5. 收入缴款书

6. 租赁合同

7. 委托经营合同

9. 记账凭证

10. 会计账簿

11. 发票台账

七、相关制度目录

1.《事业单位财务规则》（中华人民共和国财政部令第68号）

2.《事业单位新会计准则》（中华人民共和国财政部令第72号）

3.《事业单位会计制度》

4.《行政事业单位内部控制规范(试行)》

5.《××中心会计核算办法(试行)》

6.《××中心发票管理办法》

7.《××中心收入管理办法》

第六章 支出业务控制

事业单位支出的主要内容

事业单位支出是指事业单位开展业务及其他活动时发生的资金耗费和损失,包括事业支出、对附属单位的补助支出、上缴上级支出、经营支出和其他支出等。

(一) 事业支出

即事业单位开展专业业务活动及其辅助活动发生的基本支出和项目支出。基本支出是指事业单位为了保障其正常运转、完成日常工作任务而发生的人员支出和公用支出。项目支出是指事业单位为了完成特定工作任务和事业发展目标,在基本支出之外所发生的支出,主要指的是购置专用设备的支出。

(二) 对附属单位的补助支出

即事业单位用财政补助收入之外的收入给予附属单位补助所发生的支出。

(三) 上缴上级支出

即事业单位按照财政部门和主管部门的规定上缴上级单位的支出。

(四) 经营支出

即事业单位在专业业务活动及其辅助活动之外开展非独立核算经营活动发生的支出。

（五）其他支出

即本条上述规定范围以外的各项支出，包括利息支出、捐赠支出等。

事业单位的支出通常结合单位经济活动业务特点、管理要求进行分类，如某事业单位经费支出分为人员经费、基本机构运转业务经费、重点管理经费（"三公"经费）、基本建设项目经费、工程修缮经费、信息化项目经费、购置项目经费和专项业务经费八大类。

支出业务控制的目标和内容

支出业务控制是事业单位内部控制的重要内容，支出业务控制的目标主要包括：（1）各项支出符合国家相关法律法规的规定，包括开支范围和标准等。（2）各项支出符合规定的程序与规范，审批手续完备。（3）各项支出真实合理。（4）各项支出的效率和效果良好。（5）各项支出得到正确核算，相关财务信息真实完整。

单位应当建立健全支出内部管理制度，制定各类支出业务管理细则，确定单位经济活动的各项支出范围和标准，明确支出报销流程，按照规定办理支出事项。事业单位支出业务控制的主要内容有以下几个方面：

（一）支出业务岗位控制

合理设置岗位，确保不相容岗位分离。

（二）支出审批控制

明确相关部门和岗位的职责权限，确保办理支出业务的不相容岗位相互分离、制约和监督。

（三）支出审核控制

全面审核各类单据。重点审核单据来源是否合法，内容是否真实、完整，使用是否正确，是否符合预算，审批手续是否齐全。

（四）支付控制

明确报销业务流程，按照规定办理资金支付手续。签发的支付凭证应当进行登记。使用公务卡结算的，应当按照公务卡使用和管理的有关规定办理业务。

（五）支出核算和归档控制

由财会部门根据支出凭证及时、准确登记账簿；与支出业务相关的合同等材料应当提交财会部门作为账务处理的依据。

支出业务岗位控制

单位应当按照支出业务类型，明确内部审批、审核、支付、核算和归档等支出各关键岗位的职责权限。实行国库集中支付的，应当严格按照财政国库管理制度的有关规定执行，确保支出申请和内部审批、付款审批和付款执行、业务经办和会计核算等不相容岗位相互分离。支出业务不相容岗位还应延伸考虑：人员管理与人员支出管理；人员费用的审批与发放；支出预算的执行与监督；支出内部定额的制定与执行；支出的审核、批准与办理。

支出业务审批控制

事业单位在确定授权批准的层次时，应当充分考虑支出业务的性质、重要性、金额大小。预算内的一般支出可以由部门负责人或分管领导审批，但预算内的重大开支则需要单位负责人审批才能报销；预算外的重大支出需要经事业单位管理层集体决策，并且要对预算外支出严格控制。事业单位管理层如果只有审批权力，但不负担审批责任，就会形成违规审批、越权审批、争相审批、审批过多、过滥等风险。

事业单位应当按照支出业务的类型，明确内部审批、审核、支付、核算和归档等支出各关键岗位的职责权限，明确支出业务的内部审批权限、程序、责任和相关控制措施。审批人应当在授权范围内审批，不得越权审批。事业单位主管领导负责单位支出相关管理制度和文件的审批，参与内部定额修改方案的集体审批，负责审阅向上级单位或财政部门提供的分析报告。实行国库集中支付的，应当严格按照财政国库管理制度的有关规定执行。

单位应对不同资金的财务管理风险按不同的执行方式和审批权限进行管理，以某事业单位为例：

（一）基本支出

1. 计划生育、公费医疗、抚恤金、丧葬费、养老保险个人账户这五类事项在预算执行时需要先报人事部门审核、提交财务部门核对金额，由分管财务单位领导签批后，向财政部门发文申请执行。

2. 属于自行采购事项，按其规定选择相应的政府采购执行方式和自行采购执行方式履行审批手续。

3. 超过50万元的一次性大额公用经费支出经单位领导班子集体研究决定后执行并备案。

4. 除上述事项以外的其他基本支出由单位自行内部审批执行。

（二）重点管理经费（"三公"经费）支出

"三公"经费实行重点管理，年初预算批复后，由财务部门下达经单位领导审批的"三公"经费总控制额度，单位在控制额度内每季度末向财务部门报送下季度"三公"经费用款计划，由单位财务部门调度指标后在额度内执行。其中：

1. 因公出国经费。单位应在年初将本单位出国计划报送单位人事部门审核汇总后纳入本单位全年出国计划，由单位财务部门审核出国经费预算后报分管财务的领导和单位领导审批。

2. 公务用车运行维护费。单位应细化账目处理实行单车核算；使用公款租车需按相关规定办理相关租用车辆审批手续后方可执行。

3. 公务接待费。单位应参考往年同期支出数据在每季下达指标额度，相关费用在额度内执行。季末次月 10 日内，将支出明细报送单位财务部门。

（三）机构运转业务经费

属于自行采购事项，按其规定选择相应的方式履行审批手续。不属于采购执行的机构运转业务经费，明确不属于采购执行的机构运转业务经费的审批权限与审批程序。

1. 单笔金额在二十万元以内且全年累计不超过五十万元的同一支出事项，由单位自行审批。

2. 单笔金额在二十万元（含二十万元）至五十万元之间且全年累计不超过一百万元的同一支出事项，提交单位财务部门会同相关业务归口部门审核后，报分管财务领导审批。

3. 单笔金额超过五十万元（含五十万元）至一百万元之间且全年累计不超过五百万元的同一支出事项，由单位财务部门会同相关业务归口部门审核后，报分管财务领导和单位领导审批。

4. 单笔金额超过一百万元（含一百万元）的支出，由单位财务部门会同相关业务归口部门审核，报分管财务领导和单位领导审批后，提交单位领导办公会议审议决定。

（四）基本建设项目支出、工程修缮项目支出、信息化项目支出、购置项目支出

要按照相关要求履行相应的审批手续。

（五）对外投资、对外借款、对外捐款等事项的支出

在预算执行时均需由单位财务部门会同相关业务归口部门审核后，报分管财务领导和单位领导审批。单笔金额超过一百万元（含一百万元）的支出，需报单位领导办公会议审议决定。

【案例 6.1】红十字会薪酬风波

（案例来源：搜狐网 2018 年 6 月 7 日，http//www.sohu.com/a/

234415192-735751)

  2011年4月，上海市卢湾区红十字会组织被曝一顿饭花销近万元，引起社会关注，俗称"万元餐"。事后，上海市红十字会通报称，"卢湾红十字会高额餐饮费"开支渠道为卢湾红十字会工作业务经费，非救灾救助款。但是其工作业务经费的来源仍被公众质疑。同年6月，微博认证信息为"红十字会商业总经理"的"郭美美Baby"，上网炫耀名车、名包引起关注，俗称"郭美美事件"。翌日，中国红十字会声明：本会没有"红十字会商会"和"商业总经理"，不认识郭美美。

  因涉及"红十字会"字样的多起事件一度引发公众对红十字会信任危机，也使得"红十字会"不断饱受诟病。

  2018年3月，有群众反映称，××市××区红十字会的薪资待遇超出了地方行政、事业单位的薪酬标准，甚至比当地的行政机关卫计局平均薪酬高一倍以上，群众不知道××区红十字会的薪酬为何如此高？

  此次质疑的源起是：2018年2月24日，××区人民政府网站发布了"××市××区红十字会2018年部门预算说明"。据该说明的第四项"部门人员情况说明"，××区红十字会实际财政支出工资人员的人数为六人。然而，就是此份公开的预算说明被群众质疑××区红十字会人员的薪资待遇太高，甚至遥遥领先于××市行政、事业单位，也远远高于××市的平均工资待遇。2018年××区红十字会综合预算报表的一般公共预算支出明细表显示，按照公开的人员情况说明，以6人计算，平均每人一年的工资达到人均11.98万元。为了证明××区红十字会的薪酬过高，群众提供了××区卫计局2017年预算信息及"三公经费公开内容"和××区红十字会2017年预算信息及"三公经费公开内容"。

  通过对比，××市××区卫计局局本级（包括局长1名，副局长2名；科级领导职数6名）2017年人员的一年平均工资为51426.47元；而××区红十字会（包括编制人数4人，实有在职人数6人）2017年人员的一年平均工资为108933.33元。如此，××区红十字会的人员工资竟然比行政机关卫计局人员平均工资高达近一倍。

参照××市红十字会及××市部分区县红十字会2017年财政预算及"三公经费"公开内容的工资列项进行比较,结果,××区红十字会人员的薪酬远高于其他区县红十字会的财政预算薪酬。

据××区红十字会办公室一工作人员称:"我们××区红十字会目前没有会长,具体工作由区卫计局某局长主管。但是,我们单位自去年会长走了后,我们这里一直是4个人,即使加上去年的会长,红十字会也就是5个人。"

负责××区红十字会的卫计局某局长说:"××区红十字会职工工资由财政局统一发放,红十字会现在总共4人,至于你们反映的6个人和其他情况我不清楚,我去年没负责红十字会这块儿。关于工资问题由人社局统一审核,财政局统一发放,至于你们提到的工资的高与低可能是因为工作时间的长与短以及职级的高与低,这个你可以在财政局和人事局查询,区红十字会不存在乱发工资、奖金、补贴等等。至于今年的工资发放都是基本工资,多半年了车补都还没有发放。"

××区人社局工资科张科长说:"工资发放情况属于财政局,我们只管审核,你们要查看的2017年的工资审核材料已经封档无法查看。"对于能否查询2018年××区红十字会的工资审核情况,张科长也表示已封档所以无法查寻。

"××区红十字会人员的工资究竟高不高?××区广大的行政、事业单位人员自会根据自己的薪酬进行比较。人心都有一杆秤,这样的薪酬公平不公平,自会有人称一称!"

支出业务审核控制

部分事业单位在实际业务中存在部门负责人随意审核开支的现象,对报销的经办人员缺少应有的监管,造成经办人员在报销单据中虚报支出;分管财务负责人在审核过程中见到领导签字就直接批复,不审核所报销资金的真实性、合法性。事业单位支出审核不严谨,缺乏有效的监控体系,财务人员对审核标准的理解不准确、新文件新规定下达不及时等因素,往往造成支出审核风险。

单位财会部门应当加强支出审核控制，全面审核各类支出单据。重点审核单据来源是否合法，内容是否真实、完整，使用是否准确，是否符合预算，审批手续是否齐全。

支出凭证应当附反映支出明细内容的原始单据，并由经办人员签字或盖章，超出规定标准的支出事项应由经办人员说明原因并附审批依据，确保与经济业务事项相符。支出单据的审核原则是：

（一）审核原始发票内容的真实性

对原始发票内容真实性的审核主要包括以下内容：一是审核原始发票内容是否真实，如验证票据所写的单位名称是不是本单位的名称。二是验证票据有没有少购多开、无购虚开的现象。三是检查发票的格式是否符合国家的规定。四是验证发票上的署名是否真实；五是审查原始发票本身是否真实，有无弄虚作假现象。

（二）审核原始发票要素的完整性

对原始发票要素完整性的审核主要包括以下内容：一是审核发票的名称与加盖的印章是否一致。二是审核所发生的经济内容是否真实可靠。三是审核发票的金额。四是审核发票的日期与发生经济业务的日期是否一致。五是审查发票的编号，验证所要报销的票据编号与近期报销票据的编号是否相近，以防空白发票作假报销。

（三）审核原始发票支出范围的合法性

对原始发票支出合法性的审核主要包括以下内容：一是审核是否符合财务标准的相关规定。例如报销人员提供的车船票，包括飞机票，只能在规定的标准以内进行报销，对不符合报销范围或超过报销标准外的部分应不予报销。二是审核取得的原始发票与所发生的经济业务之间的因果关系。如果因私而取得的原始发票，尽管所反映的经济业务真实，也不能作为结算报销的依据。三是审核是否违反财经纪律。对擅自提高开支标准，扩大开支范围，用公款请客送礼及侵占国家、集体利益的原始发票应一律拒之门外。

支付控制

单位所有的付款业务都必须履行规定的程序，即支付申请—支付审批—支付审核—办理支付。出纳人员只有在收到经过领导审批、会计审核无误的原始凭证后才能按规定的金额办理付款手续。有些事业单位虽然制定了《报销支付程序与办法》等相关文件，但在实际工作中却没有完全遵守，如有的审核人员不在岗时，出纳人员有时会在报销审批手续不全的情况下，依据个人之间的关系和自己的方便程度自行办理资金支付，缺少审核程序，出纳支付资金的随意性较大，这种支付程序往往会给单位带来无法弥补的损失，可能引发"坐收坐支"的风险。

事业单位支付控制流程如图 6.1 所示：

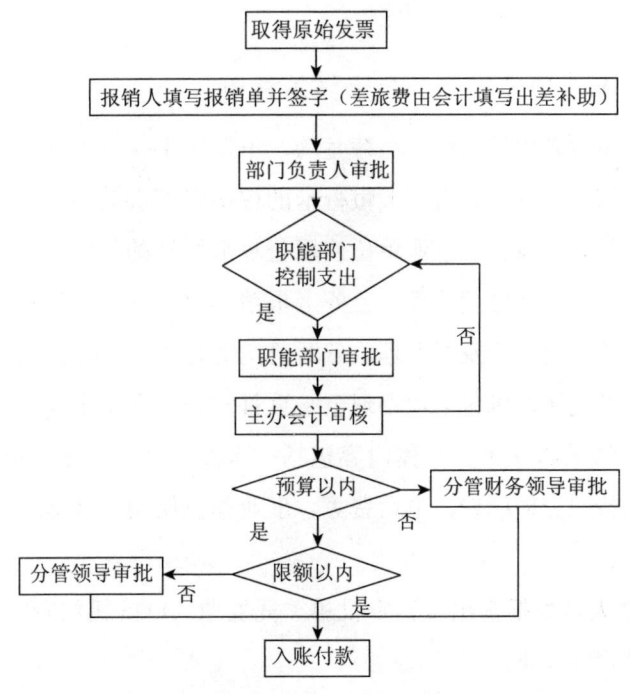

图 6.1 事业单位支付控制流程

（一）事业单位支出报销业务控制

事业单位应明确报销业务流程，按照规定办理资金支付手续，登记签发的支付凭证。一般来说，事业单位与支出报销业务流程相关的人员包括有报销业务的各业务部门经办人员、各业务部门负责人、分管各业务部门的事业单位领导、分管财务负责人、主办会计、记账会计、出纳会计。对事业单位支出报销业务的控制可以概括为以下四个关键环节：

1. 各部门经办人员先填制报销单交由该部门负责人审批，如果金额超过一定额度需报分管领导审批。

2. 主办会计审核报销单据的真实性、合法性。

3. 分管财务负责人审核其资金使用是否合理，审批环节、审批手续是否完备。

4. 将报销单据交出纳处，出纳给付现金或开据支票付款，登记现金或银行日记账后交给记账会计记账。

（二）事业单位支出公务卡结算控制

公务卡是预算单位工作人员持有的，主要用于日常公务支出和财务报销业务的信用卡。它既具有一般银行卡的授信消费等共同属性，又具有财政财务管理的独特属性。事业单位使用公务卡结算的，应当按照公务卡使用和管理的有关规定办理业务。公务卡报销不改变预算单位现行的报销审批程序和手续，有利于及时办理公务消费支出的财务报销手续。

公务卡的适用范围包括使用现金结算日常公务支出中零星商品服务和两万元以下的采购支出，具体内容包括：水费、电费、办公费、差旅费、交通费、招待费、印刷费、电话费等。事业单位使用公务卡结算的具体控制措施如下：

1. 报销人员填报支出报销审批单，凭发票、POS机消费凭条等单据，按财务报销程序审批。

2. 出纳人员凭核准的支出报销审批单及报销单据，通过POS机将报销资金划转到个人卡上。

3. 报销人员当场确认后,在 POS 机打印的凭条上签字,财务人员凭经签字确认的凭条、支出报销审批单登记入账。

4. 持卡人使用公务卡结算的各项公务支出,必须在规定的免息还款期内(银行记账日至发卡行规定的到期还款日之间的期限),到本单位财务部门报销。

5. 因个人报销不及时造成的罚息、滞纳金等相关费用,由持卡人承担。

6. 如个别商业服务网点无法使用银行卡结算系统,报销人先行以现金垫付后,可凭发票等单据到单位财务部门办理报销审批手续。

7. 因持卡人所在单位报销不及时造成的罚息、滞纳金等相关费用,以及由此带来的对个人资信的影响等责任,由单位承担。

支出业务会计核算控制

事业单位的支出报账程序是"先审批再审核",会计人员无法参与到单位重要业务的事前决策,审核也只是针对票据的规范性,这样就弱化了财务人员的事前监督。在确认和计量经济业务时,主要是针对原始凭据,缺乏与其存在钩稽关系的类比凭证,从而造成支出业务的真实性、计价的准确性无法核对,这就为虚列支出、转出资金提供了机会。

事业单位加强支出业务的会计核算,应由财会部门根据支出凭证及时准确登记账簿;与支出业务相关的合同等材料应当提交财会部门作为账务处理的依据。财会部门负责人应关注和监督支出预算的执行,组织结余资金的管理,组织做好单位支出的财务分析与评价,提高资金的使用效益。

事业单位支出包括事业支出、对附属单位补助支出、上缴上级支出、经营支出和其他支出等。为了核算事业单位的事业支出,应设置"事业支出"科目。因事业支出的项目较多,为便于分类核算与管理,事业单位应根据实际情况设置明细科目,如基本工资、补助工资、其他工资、职工福利费、社会保障费、"三公"经费、设备购置费、修缮费等费用。人事部门负责人应严格按照主管部门下达的人员编制标准配备在职人员；组织做好在职人员的调进、调出、退休等变动以及临时工使用工作；对长期不在岗人员及时作出相应处理，并如实调整人员经费支出。

事业单位发生支出时，会计分录为：

借：事业支出　　　　　　　　　　　　　×××

贷：银行存款或现金　　　　　　　　　　×××

事业单位支出收回或冲销转出时，会计分录为：

借：有关科目　　　　　　　　　　　　　×××

贷：事业支出　　　　　　　　　　　　　×××

年终结账后，"事业支出"科目无余额。

【案例6.2】某事业单位（××中心）支出业务流程

一、业务目标

1. 建立中心支出内部管理制度，明确支出审批权限、责任和程序，确保各项支出符合国家有关法律、法规、制度及中心支出管理的要求。

2. 预算范围内，合理安排和节约使用中心的各种物力财力，有效控制中心事业运行成本。

3. 确保中心人员经费、日常公用经费、项目经费充足，保证单位日常工作的运转。

4. 正确核算各种支出，确保支出真实、准确、完整地得到记录并恰当反映于财务报告中。

二、业务风险

1. 支出性质、程序及核算不符合国家有关法律、法规和中心内部规章制度的规定，可能导致受到处罚或出现经济损失。

2. 支出预算与支出管理不当，可能导致中心收支失衡，影响中心各项业务的完成。

3. 支出审核不力，造成资金被套用、浪费和损失或舞弊行为的发生。

三、机构、岗位设置和职责分工

1. 支出业务机构的设置及分工

（1）中心主管领导负责中心支出管理制度和文件的审批；参与内部定额方案的制定、修改及集体审批；负责审阅向上级部门或财政部门提供的分析报告。

（2）中心财务科负责编制中心的支出预算并监督预算的执行，制定支出管理的规章制度，依据法律、法规和制度对各种支出进行审核、确认和核算，做好结余资金的管理，做好支出的财务分析与评价，提高资金使用效益。

（3）中心人事科负责按人员编制标准配备在职人员，依制度做好人员的变动管理和考勤管理工作，如实编报人员经费支出，负责在职人员考核管理工作。

（4）各支出部门（科室、分中心）负责人应协助财务科编制支出预算，严格执行支出预算，依据支出管理制度安排和审核各项支出。

2. 支出管理不相容岗位要求

中心支出业务管理工作遵循以下不相容岗位相互分离的要求：支出预算的执行与监督；支出的审核、批准与办理；人员经费支出的审批与发放。

四、业务流程

1. 支出管理制度的制订

（1）为规范中心的支出管理，明确相关部门的岗位在支出管理中的职责权限，确保办理支出业务的不相容岗位相互分离、制约和监督，应依据国家法律、法规和相关制度，制订中心支出管理制度，明确支出审核、审批流程和权限。中心财务科负责支出管理制度的制订和修订，解释执行中的具体要求。经中心主任会议审核通过后下发执行。中心财务科对各支出部门的各项支出依制度进行监督。

（2）日常公用经费的支出应遵循《××中心预算资金支付审批暂行办法》《××中心机关日常费用报销暂行办法》和其他相关报销支付补充规

定；人员经费支出应遵循《××中心人事劳资管理办法》《××中心绩效管理办法（试行）》和其他相关劳资制度；专项工程项目支出应遵循《××中心预算资金支付审批暂行办法》相关补充规定。

2. 支出预算的编制

（见支出预算业务流程，此处略）

3. 基本支出业务的授权审批

（1）基本支出业务是指保障中心运转和职能履行所必需的、基本的、经常性支出，主要是中心人员经费支出及利用日常公用经费获取商品和服务的支出。

（2）人员经费支出

人员经费是指在职人员的工资福利支出，对离退休人员、退职人员等个人和家庭的补助支出。

在职人员的工资支出由人事科依据相关劳资福利制度、考勤记录、绩效考核结果等，由劳资岗位编制工资发放表格，由人事科科长审核签字后，报财务科相关会计岗位审核后，经财务科科长复核，中心主管领导审批后，由财务办理发放。各审核岗位应依据制度和标准认真核对人员和工资福利费发放金额，重点审核不在岗、借调、请假等特殊人员的发放金额是否合理、合规。

人员福利支出及相关个人、家庭补助支出应严格执行上级部门、财政部门和中心的相关制度，做到依法依规发放。发放时，由人事科编制发放明细表，由人事科科长审核签字后，报财务科相关会计岗位审核后，经财务科科长复核，中心主管领导审批后，由财务办理发放。

（3）日常公用经费支出

各部门日常公用经费支出遵循"预算控制"原则，支出不得超预算限额，超出预算限额的支出必须报中心财务科、中心主管领导审批。预算外的各项支付或报销，必须附有关领导批示的情况报告，否则不予支付或报销。各支出部门负责人应控制支出用途、范围及数额，确保支出合理合规。

各部门应依据真实、合法的票据或原始凭证，依经费报销程序办理经费支出报销。报销时，经办人员需在原始票据或原始凭证汇总单上说明事由并签字；本部门负责人对票据的合理性、真实性、完整性进行审核并签字；稽核人员对票据的合法性、正确性、完整性进行审核；财务科负责人进行复核并签字；单位主管领导根据审核、复核后的票据审批并签字。

经审批购置办公用品、低值易耗品支出，应在财务科报账前，到综合科办理验收入库手续，由综合科登记实物台账。无验收手续的，财务科不予审核报账。

招待费支出应本着"精简节约"的原则，严格按年初编制的预算标准执行。招待支出须填写招待审批表，由招待承办部门负责人审核签字后报综合科核准；支出金额较大的报主管领导审核。招待审批表应作为支出报销票据的附件提交财务。

对外支付劳务报酬的，支付单据上必须有领款人的签字和身份证号，并经审核签字。符合交纳个人所得税条件的，应依法扣缴个人所得税。

办理支出需领取支票的，由经办人填写"支票领用单"，注明日期和事由，由本部门负责人签字，财务科负责人审签，主管领导审批，财务按支票使用规定办理。结算完毕后，经办人将发票等连同支票存根交回财务。未使用的支票，必须及时交回财务科办理注销手续。

因公出差或办理公务需借款的，借款本人必须先填写"借款单"，注明借款时间、事由、金额，经本部门负责人、财务科负责人、中心主管领导签字审批后办理借款手续。办完公务或出差结束后应在3日内还清借款或办理报销，超过一个月未还清的借款，财务科从借款人工资中直接扣除，并对逾期不还行为在单位内通报。

4. 专项工程支出业务的授权审批

（1）财政拨付的专项工程资金或专项购置款，应遵循"按概（预）算拨款、按合同拨款、按进度拨款"的原则，强化项目支出管理。

（2）委托所属单位实施的专项工程，应由所属单位根据合同和进度（计量支付证书或经审核后的监理报告）提出支付申请，主管业务科室进行业务审核，财务科进行财务审核，分管财务领导复核，中心领导核准拨付。

（3）中心统一实施的专项工程，由项目实施单位提出申请，业务科室根据合同和进度（计量支付证书或经审核的监理报告）进行业务审核，财务科进行财务审核，分管财务领导复核，单位领导核准支付。

（4）专项工程尾款以及质量保证金的支付必须附竣工验收文件和缺陷期责任确认文件。

5. 支出核算

财务科应依据《××中心会计核算办法》《××中心预算资金支付审批暂行办法》《××中心机关日常费用报销暂行办法》和其他相关报销支付补充规定，审核支出业务原始单据，填制记账凭证，分类登记支出账簿。对借支和暂付应及时督促报账，保证账面支出信息的完整、及时和准确。

6. 基本支出的分析与评价

（1）为促进事业经费的有效、合理使用，中心财务科应定期进行基本支出的财务分析与评价，撰写分析报告。

（2）分析与评价应依据全面、真实、可靠的资料，依据国家和主管部门的相关规定合理选择分析评价指标，实事求是，对中心及所属单位的基本支出情况进行分析总结和评价。分析与评价所依据的资料应包括：国家有关的方针、政策、法律法规；主管单位批准的定额指标、单位基本支出预算；基本支出的预决算资料、相关报表和账簿；其他有关资料。

（3）基本支出的财务分析与评价应包含以下评价内容：基本支出预算执行情况；基本支出与以前年度比较分析；基本支出的标准和范围是否符合规定；基本支出构成是否合理，支出重点是否得到保证；基本支出管理工作中存在的问题及改进建议。

（4）向单位内部提供的基本支出分析报告，应由财务科负责人审阅后提供，提供对象和份数应经财务科负责人同意，报告使用或阅读者负有保密义务。向上级单位和财政部门提供的分析报告，应经分管财务领导和中心负责人审阅。

7. 专项工程支出的考核评价

专项工程完工后,应委托社会审计机构进行专项工程决算审计。财务科会同相关业务科室,依据工程专项决算审计报告和其他专项工程资料,对专项工程支出的合理性、合规性、有效性进行考核评价,客观公正评价专项工程预算执行情况。专项工程支出考核结果经主管领导审阅后,作为安排以后年度专项工程支出预算的重要依据。

五、主要控制点

1. 日常公用经费支出票据和原始凭证的报销审核、审批。

2. 超预算支出的提前申报和审批。

3. 办公用品、低值易耗品支出,报账前办理验收入库,登记台账。

4. 招待费支出前应填写审批表,由相关领导审批。

5. 对外支付劳务报酬的支付单据的信息填写和审核。

6. 借款在限期之内还款、报账。

7. 办理支出领取支票的控制。

8. 专项工程款拨付前的提出申请、审核、复核和核准。

9. 支出分析与评价。

六、主要业务文档

1. 支出预算

2. 工资、福利费发放表

3. 超预算支出申请及批示

4. 低值易耗品入库单

5. 办公用品、低值易耗品台账

6. 招待审批表

7. 支票领用单

8. 借款单

9. 工程款支付申请

10. 记账凭证、会计账簿

11. 基本支出分析报告

12. 专项工程支出分析报告

七、相关制度目录

1. 《事业单位财务规则》（中华人民共和国财政部令第68号）
2. 《事业单位新会计准则》（中华人民共和国财政部令第72号）
3. 《事业单位会计制度》
4. 《行政事业单位内部控制规范(试行)》
5. 《××中心会计核算办法(试行)》
6. 《××中心预算资金支付审批暂行办法》
7. 《××中心机关日常费用报销暂行办法》
8. 《××中心财务报销、支付事宜的补充规定》
9. 《××中心会议及招待管理制度》
10. 《××中心办公用品管理制度》
11. 《××中心人事劳资管理办法》
12. 《××中心绩效管理办法(试行)》

第七章 采购业务控制

采购业务控制的目标和内容

事业单位采购控制是指在事业单位使用资金进行货物、服务和工程的采购过程中的相关控制。依据《中华人民共和国政府采购法》,事业单位的采购业务多以政府采购方式完成,是事业单位使用财政性资金采购依法制定的集中采购目录内的或者采购限额标准以上的货物、工程和服务的行为。财政性资金包括预算资金、财政专项资金、政府非税收入资金、债务资金、捐赠资金和单位自筹资金。

(一)采购业务的常见风险

规范单位采购行为、防范与控制采购风险是采购业务控制的主要目的。事业单位政府采购业务常见的风险包括:

1. 采购项目和预算安排不合理

政府采购、资产管理、预算编制以及业务部门之间缺乏沟通协调,采购项目可行性论证不充分,重复或错误立项,需求审核不严格,采购与实际需求脱节,导致资金浪费或资产闲置。

2. 采购计划编制不科学、不专业

采购参数的制定缺乏公平、公开透明的制衡机制和专业管理,采购预算定价的市场调查论证不足,过高或过低制定预算,出现围标、舞弊或遭受欺诈等问题,采购的商品和服务质次价高,导致财政资金效用降低或资源浪费。

3. 采购活动不规范

未按规定选择采购方式、发布采购信息，甚至以化整为零或其他方式规避公开招标，对采购、招标缺乏有效的监督，出现围标、舞弊等问题，导致单位被提起诉讼或受到处罚，影响单位正常业务活动的开展。

4. 采购及验收不规范

合同和付款环节审核不严格，实际接收产品与采购合同约定有差异，导致采购资金损失或单位信用受损。

5. 采购业务档案管理不善

采购业务档案缺失，导致采购业务出现争议，影响政府采购信息和财务信息的真实完整。

（二）采购业务控制的主要内容

事业单位采购业务控制的主要内容包括应以下几方面：

1. 分工与授权控制

对采购相关部门和岗位的职责、权限，以及采购与付款业务授权与审核等方面的控制。

2. 预算与计划控制

对采购预算的编制、执行、调整，以及采购计划的制定、组织实施等方面的控制。

3. 采购与验收控制

对采购人员、采购程序、采购方法，以及采购验收等方面进行控制。

4. 付款控制

对付款条件、付款方式、付款程序，以及付款的合法性等方面的控制。

采购组织、岗位与责任

事业单位应当设置采购职能部门或明确相关采购岗位的职责权限，确保政府采购需求的制定与内部审批、招标文件的准备与复核、合同签订与验收、验收与保管等不相容岗位相互分离。

单位应设立采购领导小组，工作办公室设在采购职能部门，财务等相应职能部门作为成员单位，由分管采购工作的领导任组长，成员由相关部门的主要负责人共同组成。其主要职责是根据有关政府采购的管理规定，拟定政府采购工作规范；审核采购单位编制的政府采购预算；审定采购实施计划和采购方式；审定各采购单位定额标准以上重大项目的采购需求、公开招标文件和采购合同；审定内部采购预选供应商库和采购代理机构库名单；监督各采购单位的采购工作，查处采购中的违法行为；其他采购相关工作。

采购职能部门负责单位采购的组织和实施工作。采购管理各岗位人员应当熟悉有关政府采购法律法规和财会等相关专业知识，并定期轮换。实行采购监督管理与操作执行相分离的原则，设立采购工作监察部门或岗位（单位纪检监察人员也可履行此职责），其主要职责是对政府采购项目招投标过程中执行政府采购法律法规情况进行督察，不参与评标、谈判、询价等具体工作；对自行采购项目执行过程进行监督，不参与预选供应商抽取和评标等具体工作；参与采购中有关质疑、投诉问题的处理；受理供应商提出的回避申请，并按照回避制度对相关人员进行审核。

配合采购业务的相关财务岗位主要工作职责是汇总编制本单位年度政府采购预算；审核本单位实施采购计划的采购资金的来源；复核采购支付申请手续，办理政府采购和自行采购的资金支付。

采购预算与计划管理

事业单位应当加强对政府采购业务预算与计划的管理，建立预算编制、政府采购和资产管理等部门或岗位之间的沟通协调机制，根据本单位的实际需求和相关标准编制政府采购预算，按照已批复的预算安排政府采购计划。

事业单位政府采购业务的预算控制主要包括采购预算的编制、审核、下达和最终的调整。

(一) 采购预算的编制与审核

事业单位根据《政府采购目录和限额标准》，按照部门预算编制格式和口径，编制本单位下一年度政府采购预算，作为部门预算的一部分，由一级预算单位汇总后上报财政部门。临时机构的政府采购预算由其挂靠的部门汇总上报财政部门。若有列入自主创新产品目录的项目，在编制政府采购预算时单独填报相关的报表。

政府采购预算由业务部门根据实际需求提出预算建议数，由资产管理部门核实采购需求和相关标准，由采购部门审核汇总，由财会部门根据预算指标进行平衡，确定采购资金来源，经单位采购决策机构审定后形成单位年度政府采购预算，经财政部门批准后执行。

(二) 采购预算调整的控制

单位应当认真执行政府采购预算，按照已批复的预算安排政府采购计划。年度内追加或者调整的政府采购项目，应当同时按原审批程序追加或者调整政府采购预算，经上级主管部门和同级财政部门批准后执行。

(三) 采购计划的管理

单位应当加强对政府采购计划的管理，根据相关支出标准、采购预算和市场价格定期编报政府采购计划，报送财政部门及政府采购主管部门审批。

政府采购计划应详尽、完整、准确，除法律法规规定的适用情形外，采购项目不得指定品牌，采购需求不得含有倾向性、排他性。不得编报超预算、超标准、超配置的政府采购计划。

政府采购计划经批准后，由采购部门按批准的政府采购组织形式和采购方式执行。政府采购计划一经下达，原则上不得调整，确需变更、调整的，应当重新履行审核和审批的程序。建立采购需求单位内部的分权和岗位分离机制，对采购需求计划的评审应设置不同岗位进行管理。

采购计划的评审应由专人专岗进行，并设置为必经流程，设置科学合理的逐层逐级审批机制，每个层级的评审人员的构成应科学合理，重大采购需求应由单位领导办公会议讨论通过；在必要情况下需要聘请专业的评估机构对需求文件进行专业评审；应设置具备丰富经验的专业采购小组对采购计划进行校验。

【案例7.1】加强政府采购的评审机制

某单位加强专家评委库的建设，实现精细化管理。专家评委不仅需要丰富的专业知识和实践经验，更加需要具有遵纪守法、恪尽职守的良好职业操守。该单位通过多种渠道，采取多种方式，想方设法扩大专家评委库的规模；提高对专家评委主持公平正义的道德要求；实现省、市、县三级专家评委资源共享、互动评审；细化各类专家评委擅长的评标类型和项目，使项目评委的抽取更加具有针对性，以提高评审结果的权威性；建立健全对专家评委的培训考核机制、评标结果反馈机制、违法违纪处理机制等。

单位还增强从业人员依法行政和依法采购的观念，加大法治教育和技能培训，建立岗位标准、考核办法和系统的教育培训制度，形成优胜劣汰的良性机制，提高从业人员的业务能力和水平，确保规范地履行职责。

采购方式的选择与审批

事业单位的采购活动按照采购组织方式的不同可以分为政府采购和自行采购。单位购买集中采购目录以外的且采购限额标准以下的货物、工程和服务，可采取自行采购方式。大部分情况下，自行采购方式的业务风险高于政府采购，单位应适当控制自行采购方式。

（一）政府采购的主要方式

1. 公开招标

公开招标是指招标采购单位依法以招标公告的方式邀请不特定的供应商参加投标。公开招标是政府采购的主要方式。一般来说，达到同级人民政府或者其授权机构发布的公开招标数额标准以上的政府采购项目，应当采用公开招标的采购方式。因特殊情况需要采用公开招标以外的采购方式的，应当在采购活动开始前获得政府采购监督管理部门的批准。采购人不得将应当以公开招标方式采购的政府采购项目化整为零，或者以其他任何方式规避公开招标采购。

2. 邀请招标

邀请招标是指招标采购单位依法从符合相应资格条件的供应商中随机邀请三家以上供应商，并以投标邀请书的方式，邀请其参加投标。政府采购公开招标和邀请招标的控制流程如图7.1所示：

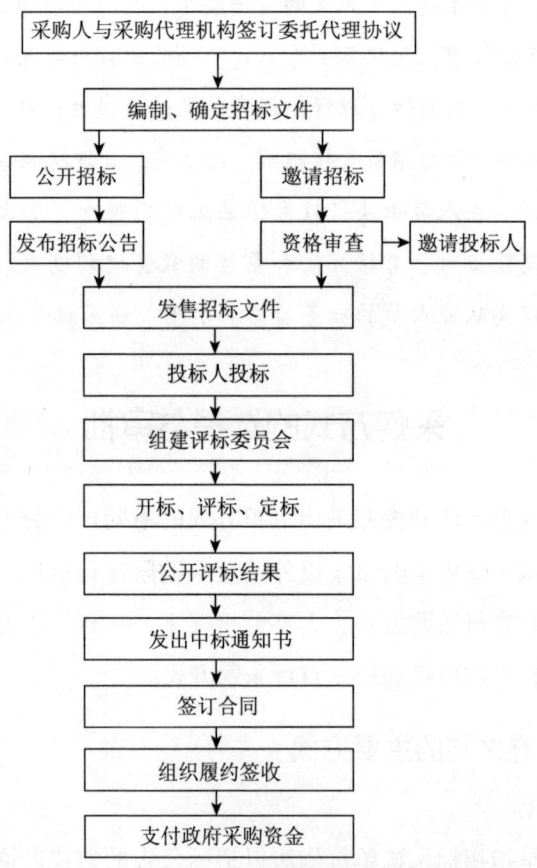

图 7-1　公开招标与邀请招标的控制流程

符合下列情形之一的政府采购项目，可以采用邀请招标方式采购：具有特殊性，只能从有限范围的供应商处采购的；采用公开招标方式的费用占政府采购项目总价值的比例过大的。

3. 竞争性谈判采购

竞争性谈判采购是指采购人或采购代理机构按照规定的程序，通过与符合项目资格要求的供应商就谈判文件进行谈判，最后确定成交供应商的采购方式。

符合下列情形之一的政府采购项目，可以采用竞争性谈判方式采购：招标后没有供应商投标或者没有合格标的或者重新招标未能成立的；技术复杂或者性质特殊，不能确定详细规格或者具体要求的；采用招标所需时间不能满足用户紧急需要的；不能事先计算出价格总额的。

4. 询价采购

询价采购是指采购人或采购代理机构按照法定程序向不少于三家的供应商就采购项目需求发出询价通知或询价函，按照询价采购原则确定成交供应商的采购方式。规格、标准统一、市场供应充足且价格变化幅度小的政府采购项目，可以采用询价方式采购。

5. 单一来源采购

单一来源采购是指采购人或采购代理机构采购符合法定单一来源采购条件的项目向单一供应商直接购买的采购方式。

符合下列情形之一的政府采购项目，可以采用单一来源方式采购：只能从唯一供应商处采购的项目；发生了不可预见的紧急情况不能从其他供应商处采购的项目；必须保证与原有采购项目的一致性或者拥有服务配套的要求，需要继续从原供应商处添购，且添购资金总额不超过原合同采购金额10%的项目。

值得注意的是，只有在公开招标、邀请招标、竞争性谈判、询价采购经两次招标失败后，才可采用单一来源采购方式。

6. 简易采购程序

政府集中采购目录通用项目中已实行协议供应（供货）的项目，可按简易采购程序办理网上协议采购、网上竞价或快速采购。具体按如下原则进行选定：凡实行协议供应（供货）的品目，应按协议供应的规定程序操作；如认为协议供应商的报价高于市场平均价格，可以在协议供应商范围内进行网上竞价；对于协议采购和网上竞价没有合适价格的协议供货项目、采用询价方式的项目、品牌单一又有多个分销商的货物类项目，可以采用快速采购方式，按照报价最低原则确定成交供应商。但是，属于协议供货的项目，成交价格必须低于协议供应商的报价。

（二）自行采购的主要方式

1. 预选供应商采购

自行采购范围内的采购项目，达到单位内规定限额标准以上且在政府采购限额以下的，应采用预选供应商采购方式。由采购部门每两年组织一次供应商资质入围招标，采购领导小组审核后公布。实施采购时各采购单位从入围供应商库中随机抽取中标供应商。各采购单位可以推荐符合要求的供应商参与入围招标，入围供应商两年内没有被各采购单位选用以及有违法违规行为的，退出入围供应商名单。

2. 自行评标采购

采购单位应设立评标小组和监察部门或岗位组织自行采购评标，自行采购评标可采用综合评分法、最低价法、抽签法、询价等四种方法。原则上应采用最低价法，确需采取其他三种方法的，由各采购单位集体研究决定。自行采购评标小组成员应由业务需求部门、单位采购牵头管理部门和单位财务等部门共同组成，人数为单数。有条件的单位应该建立评标人员库，对参与评标人员进行随机抽取，或者采取轮值方式，在必要的情况下可以随机选取外部专家参与评标。评标过程要有详细的记录并归档，记录资料至少应包括评标人员名单产生的过程、评标小组签到表和评标结果确认表等，上述资料均应标注具体时间，并由监督人员签字确认。

（三）采购方式的审批

采购单位领导小组对登记的采购需求进行复核后，才能提交归口部门审核，审核时应重点关注：是否有预算指标；是否按要求履行了市场价格调查；采购方式是否合理；资金来源是否符合规定。采购单位登记的采购需求，先由归口部门审核完毕后，再提交采购小组。

在公开采购方式下，采购小组在收到采购单位提交的采购登记后，对采购登记进行审核，无误后以采购登记为依据，编报采购计划，提交财政部门采购中心，按规定程序对采购计划进行审核。采购小组审核项目需求文件，无误后据以编制政府采购计划，报送财政部门，财政部门依法审核并下达政府采购计划。采购小组就如下事项进行审批：采购项目和资金是否在采购预算范围内；是否按要求履行了市场价格调查；采购方式的选取是否符合规范；其他需审查的合规性内容。

采购活动的管理

单位应加强对政府采购活动的管理，由采购部门实施归口管理，在政府采购活动中建立政府采购、资产管理、财会、内部审计、纪检监察等部门或岗位相互协调、相互制约的机制。对于采购额度较大的采购项目应当经过可行性研究和专家论证，保证政府采购项目及预算价格合理、参数公正可靠。

单位采购部门应按规定选择适合的政府采购方式，经政府采购主管部门批准后实施采购。

应建立规范的政府采购信息发布制度，在指定的范围和公共媒介上发布政府采购信息，提高政府采购活动的透明度。发布的政府采购信息主要包括公开招标公告、邀请招标资格预审公告、中标公告等。

应加强对政府采购申请的内部审核，由政府采购各相关部门对政府采购项目的合理性以及技术参数、预算价格、采购方式、信息发布等分别进行审核。对采购进口产品、变更采购方式等事项应当重点审核，严格履行审批手续。

政府采购实行集中采购与分散采购相结合，对纳入集中采购目录、采购资金在"集中采购限额标准"以上的采购项目实行集中采购。对纳入集中采购目录，采购资金在"集中采购限额标准"以下的采购项目，履行申报、审核程序，实行分散采购。

对集中采购目录以外的采购项目，采购资金在政府采购限额标准以上的，履行申报、审核程序，实行分散采购。采购资金在政府采购限额标准以下的采购项目，不属于政府采购范围，不需编报政府采购预算和履行申报、审核程序，由单位自行组织采购。实行集中采购的项目，采购部门应协调业务部门全程参与政府集中采购活动，资产管理、财会、内部审计、纪检监察等部门或岗位应做好事前和事后监督检查工作，保障集中采购活动的合法性、合理性。实行分散采购的项目，应合理确定采购方式，由采购部门按规定组织采购，资产管理、财会、内部审计、纪检监察等部门或岗位应参与并监督分散采购的全过程，以保障分散采购活动的合法性、合理性。

达到单位规定的限额标准以上且在政府采购限额标准以下的自行采购项目，可采取建立单位预选供应商库模式和单位自行组织评标采购两种模式。预选供应商适用于不同供应商提供的服务无差异或差异不大的情况，如印刷、修缮等；评标适用于供应商提供的服务有明显差别的情况，一般对服务要求的技术含量较高，供应商服务质量不一致，需要采用评标的方式确定最佳供应商，如办公家具购置、物业管理等。

应加强对政府采购业务质疑、投诉的答复与处理，指定纪检监察部门或岗位牵头负责，采购部门、业务部门及相关人员参加，针对质疑、投诉事项查清原委，并依据相关规定对投诉人做出正式答复。加强对涉密采购项目安全保密的管理。对于涉密的采购项目，单位应与相关供应商或采购中介机构签订保密协议或者在合同中设定保密条款。采购合同中涉及保密事项的，应有法律方面的专家参与制定。

【案例7.2】政府采购中串标、围标形式多样

一、投标文件雷同

某单位土建工程项目招标，在评审过程中评委发现两家投标供应商投

标文件的商务部分"分部分项工程量清单计价表",单价和总价完全一致,且在同一地方出现相同计算错误,这是典型的串标、围标行为。

二、20多家公司围一个标

某市一高速公路园林绿化项目组织公开招标,政府采购中心将项目需求上网公告,通过资格预审并实际参加投标的供应商一共34家,最终由报价接近平均价的供应商中标。事隔多月后,当时参与投标的园林绿化公司人员透露,参与投标的34家供应商中有20多家公司是被同一家公司借资质来投标。这个招投标活动结束后才传递出来的信息,恰恰说明了串标、围标活动的隐蔽性,"投标同盟"已成为一些地方采购活动中的"潜规则"。

三、厂商鼓动代理商质疑

某医院采购服务器、存储设备等网络产品,经开标、评标、定标程序后,某国际知名品牌没能中标,该品牌的厂家区域代表便提出书面质疑。项目负责人告知该区域代表其不是项目直接参与者,也就不是采购当事人,没有质疑的权利。结果,第二天采购中心陆续收到所有参与该项目投标且代理该品牌产品的供应商的质疑函。质疑函的格式完全一致,质疑内容也与之前厂家代表的书面质疑相同,甚至有的供应商在递交质疑函时就说是被迫的,否则以后投标时厂家区域代表就不再给予支持。厂家区域代表往往拥有较大的定价权,对经销商来说他们就是"钦差大臣",既然区域代表能够劝说所有经销商去质疑招标结果,那么在投标前也极有可能会去商定各家经销商的投标报价。

四、串通抬高协议供货价

某单位要购买一批笔记本电脑,采购人看中的是一个著名品牌,并按照《协议供货管理办法》的规定直接向协议供货经销商询价。代理该品牌的5家经销商分别报价,单价均在万元以上,而该型号笔记本电脑省协议供货最高限价为6743元。采购人查询了网上的价格,认为这几家价格偏高,向采购中心反映此事,采购中心派人再次向这几家经销商询价(故意不透露购买单位),询价结果则远远低于此前采购人所询价格,平均5700元即可成交。本案例说明在政府采购活动中,经销授权、项目报备等都是厂家或经销商常用的控制手段，其目的就是要实现价格联盟，以获取高额利润。如果采购人不较真儿，甚至与供应商联手，形成默契，那么货比三家的程序就仅仅是走过场了。

采购验收与付款

采购验收一般是付款的前置条件，具体包括履约过程验收和货物、服务验收两个方面。采购验收应由专设机构或临时验收机构按规定的程序、依据合同等采购文件组织实施。验收合格后应出具验收报告，作为付款的依据。

（一）履约控制

按照政府采购合同，采购人和供应商组织履约验收。采购人指定专人负责与供应商协调、组织履约，并为供应商履约提供必要的准备。供应商应按照政府采购合同的要求及时进行履约。

在供应商供货、工程竣工或服务结束后，按照政府采购合同中验收的有关事项和标准由采购人组织验收，其中，采购人与采购代理机构签订验收委托代理协议的，由采购人和其委托的采购代理机构组织验收。大型或者复杂的政府采购项目，应当邀请国家认可的质量检测机构参加验收工作。验收方成员应当在验收书上签字，并承担相应的法律责任。

（二）验收控制

事业单位应当加强对政府采购项目验收的控制与管理，根据规定的验收制度和政府采购文件，由指定部门或专人对所购物品的品种、规格、数量、质量和其他相关内容进行验收，并出具验收证明。

1. 组建验收工作小组

采购人负责组织履约验收，并确定验收结果。采购人组织成立由相关专家以及用户、资产管理部门参加的5人及以上单数人员组成的验收工作小组。验收工作小组设置1名负责人，负责整个采购项目验收工作的组织领导。直接参与该采购项目方案的制订、评审的人员不得作为负责人。需要由质检或行业主管部门进行验收的项目，采购人必须邀请相关部门参加验收。采购人与采购代理机构签订委托代理协议有验收事项的，按照委托验收事项的要求，采购代理机构配合采购人做好验收工作。

2. 制订验收方案

验收工作小组根据签订的政府采购合同，在供应商供货、工程竣工或服务结束前，制订验收方案，明确验收内容，规定验收纪律，做好组织接收和验收的准备。

3. 组织验收

在供应商履约结束后，验收工作小组应按照职责分工，对照政府采购合同中验收的有关事项和标准核对每项验收事项，并按照验收方案及时组织验收。

采购人在验收或使用中发现供应商未按合同约定的时间、地点和方式履约，缺少应有的配件、附件等情况，验收工作小组应在相关验收事项后注明违约情形，并立即通知供应商。

供应商出现违约情形，及时纠正或补偿的，经验收工作小组同意，可免于追究责任；造成损失的，按合同约定追究违约责任，并报政府监督管理部门和采购代理机构记入供应商诚信档案。

采购人因验收不当造成损失的，自行负责，并由责任人承担相应责任。

采购人故意设置障碍或不积极配合验收，故意推迟采购项目验收时间，故意拖延提出资金支付申请时间的，赔偿供应商损失，对直接负责的主管人员和其他责任人员追究相关违约、违纪、违法责任。

采购人与供应商串通或要求供应商通过减少货物数量或降低服务标准，要求供应商出具虚假发票或任意更改销售发票等方式，谋取不正当利益的，追究相关违约、违纪、违法责任。

验收工作中，采购人的监察、审计、财务部门应当履行监督职责。

4. 出具验收证明

采购人根据验收工作小组验收合格的意见，核对无误后签字确认，并出具验收报告且加盖公章。验收报告中须有验收工作小组负责人及成员同意验收合格意见的署名签字和用户、资产管理部门负责人签字并加盖公章。

有采购代理机构参加验收的，采购代理机构应在验收报告上签署意见，加盖采购代理机构公章。有质检或行业主管部门参加验收的，质检或行业主管部门应在验收报告上签署意见，加盖质检或行业主管部门公章。

（三）支付采购资金

验收合格后，采购人应按照合同约定及时支付采购资金。

货物或服务验收完毕或工程项目竣工决算完毕，采购单位可向采购小组申请采购资金的支付。申请支付时，采购单位依据采购合同、验收报告、竣工决算报告等文件，按照资金支付的相关规定，填写相关表格，办理采购资金支付申请。

采购资金实行国库集中支付的，各采购单位应完善采购资金支付程序，需求部门在办理采购资金支付时，必须提交如下资料：审验手续齐备的采购资金支付申请单、真实合法的原始发票、中标通知书复印件（第一次支付）、合同及验收报告（第一次原件，后续复印件）。采购资金应按合同规定的支付进度支付，不得超前支付。

【案例7.3】某高校的采购控制

A高校招投标管理办公室和国有资产管理处合署办公，招投标管理办公室负责组织采购，而国有资产管理处负责采购项目的验收和资产的经营管理。

为了提高资金的使用效率，按照我国有关采购、招投标的管理办法和省级相关规定，结合A高校的实际情况，成立采购与招标领导工作小组，由校长担任组长，分管副校长担任副组长，由法律、审计、财务、采购相关人员组成，负责A高校货物、服务和工程项目的采购工作，下设采购与招投标工作小组和监督小组，确定执行与监督岗位分离，保证采购环节的效率，同时制定《采购与招投标管理办法》。公开采购项目按照应编尽编、应采尽采的原则，科学合理地编制采购计划，降低采购次数，提高采购质量。对于非公开采购项目，各单位按照分事行权、分岗设权、分级授权的原则加强采购内部控制管理，采购项目必须经过采购单位论证和财务处核实资金来源后才可实施。

A高校的采购管理部门根据项目的特点，将采购项目进行分类分级，依据经费的来源分为教学、科研、行政、后勤四类采购项目，依据采购金额分为A、B、C三个等级，100万元以上的为A级，10万元到100万元之间的为B级，10万元以下的为C级。A、B、C三个级别采购项目的申报和审批程序如下：

A级采购项目，需填写申购表和论证报告，若为工程项目，需由相关部门进行技术和市场考察并提交考察报告，由采购主管部门协同有关专家对报告进行评价，财务处对经费进行审批，审批通过后采购管理部门组织招标，因特殊原因无法公开招标的报采购领导工作小组组长审批，确定中标人后由法律部门对合同进行审查。

B级采购项目，需填写申购表，对单件价值达到10万元以上的需提交验证报告，由学校采购主管部门协同有关专家对报告进行评价，财务处对经费进行审批，审批通过后交分管领导审批，其他程序和A级采购项目相同。

C级采购项目，经费来源于业务经费，直接由部门负责人审批；来源于专项经费，需主管部门负责人审批。申购表由采购部门审批，采购部门组织采购，确定供应商后，直接由采购部门负责人对合同进行审批。

依据项目确定采购的形式和方式，将采购的方式区分为政府集中采购、学校集中采购和零星采购。政府集中采购是对列入政府集中采购目录有关物品的采购活动。学校集中采购的方式分为公开招标、单一来源采购、邀请招标、竞争性谈判、询价采购、协议供货和续签合同等方式，学校明确规定了各类采购方式的基本程序。对于单台设备价值在5万元以上的仪器设备和总价在5万元以上形成批量的设备、图书等物资的采购采用学校集中采购。零星采购由申请单位填写申请表，交后勤负责人审批后由国有资产管理办公室落实。

第八章 工程项目控制

工程项目控制的目标与内容

工程项目是以工程建设为载体的项目,是作为被管理对象的一次性工程建设任务。它以建筑物或构筑物为目标产出物,需要支付一定的费用、按照一定的程序、在一定的时间内完成,并应符合质量要求。

大部分工程项目都具有规模大、耗资多、周期长、质量要求高、技术和工艺复杂等特点,而且容易受到内、外部环境的影响,不确定性和风险大。近年来,事业单位工程项目已经成为腐败高发领域之一,现实中,工程资金高估冒算,招投标环节的暗箱操作,"豆腐渣"工程,以及相关经济犯罪和腐败案例时有发生,这也就要求事业单位需要加强对工程项目的管控,通过有效的制度设计和执行防范风险。

工程项目管理大体包括工程立项、工程设计与概预算、工程招标、工程建设与工程竣工验收五个主要环节,每个环节都有更细化的业务活动。事业单位工程项目的内部控制目标包括以下方面:

(一)保证法律法规的遵循

符合国家有关安全、消防、环保等相关基本建设的规定及单位内部规章制度;遵守合同法等法律、法规的规定,维护单位的合法权益,避免单位承担法律风险。

(二)保障项目的效率与效果

人员配置优化,职责分工和权限范围明确;项目投资决策正确,产生预期的经济效益；施工管理有序，安全质量受控；优化技术选择和经济决策，通过优化方案减少投入，降低成本，保证项目效益；对建设项目风险采取必要的预防和控制措施，降低建设项目风险，确保建设项目的健康运行，保障建设项目资产的安全。

(三) 保障财务报告及相关信息的真实、准确

建立健全项目台账、档案，保证项目核算真实、准确、完整；财务账表与实物核对相符；项目的确认、计量和报告符合国家相关会计核算规范，建设项目的财务报告真实可靠以及管理报告及时准确，并能支撑相关的管理决策。

(四) 防范舞弊

防止并及时发现、纠正错误及舞弊行为。

工程项目立项与招标

工程项目立项是一个严谨科学的论证决策过程，单位应建立可行性研究和项目评审制度，依程序报主管部门、财政部门及其他有关部门备案、审核、审批。单位应按照有关规定，结合单位实际情况，制定工程项目招标管理办法，根据项目的性质和标的金额，明确招标范围和要求，规范招标程序，依法通过招标方式，将达到招标规模标准的工程项目发包（委托）给具有相应资质等级的相关单位。

(一) 工程项目立项环节的主要风险和控制措施

1. 主要风险

工程项目管理建议书内容不合规、不完整，项目性质、用途模糊，拟建规模、标准不明确，项目投资估算和进度安排不协调。

不重视项目可行性研究。可行性研究流于形式或可行性研究的深度达不到质量标准的实际要求，导致无法为项目决策提供充分、可靠的依据，

决策不当、盲目上马，预期效益难以实现，甚至项目失败。

工程项目管理评审流于形式、误导项目决策；权限配置不合理、决策程序不规范导致决策失误，给单位带来巨大损失。

工程项目管理决策失误，可能造成单位资产损失或资源浪费；项目未经适当审批或超越授权审批，可能产生重大差错或舞弊行为，从而使单位遭受资产损失。

2. 主要控制措施

单位应建立工程项目管理决策环节的控制制度，对项目建议和可行性研究报告的编制、项目决策程序等做出明确规定，确保项目决策科学合理。

单位根据职责分工和审批权限对工程项目进行立项决策，决策过程应有完整的书面记录。重大的工程项目应当报经单位领导层集体决策批准。严禁任何个人单独决策工程项目或者擅自改变集体决策。单位应当建立工程项目管理决策及实施责任制度，明确相关部门及人员的责任，定期或不定期地进行检查。

单位在建设项目立项后、正式施工前，依法取得建设用地、城市规划、环境保护、安全、施工等方面的许可。

（二）工程项目招标环节的主要风险和控制措施

1. 主要风险

工程招标直接影响着工程项目造价，对工程项目管理目标的实现具有深远影响。该环节的主要风险点包括：

招标人未做到公平、合理，如任意分解工程项目致使招标项目不完整，或逃避公开招标；招标人私下为特定单位设置资格条件、评标规则等，从而可能导致显示公平，并可能导致中标价格失实，中标人实质上难以承担工程项目。

招标人与招标人串通，存在暗箱操作或商业贿赂等舞弊行为；投标人与投标人私下合作围标，以抬高价格或确保中标；投标人资质条件不符合要求或挂靠、冒用他人名义投标等等，导致工程质量难以保证。

开标不公开、不透明，损害投标人利益；评标委员会成员缺乏专业水平，或者招标人向评标委员会施加影响，使评标流于形式；评标委员会与投标人串通作弊，损害招标人利益。

2. 控制措施

通过招投标程序可以选择到优质优价的建设单位，可以确保工程质量，控制投资成本。因此，单位要加强招投标环节的控制。该环节的关键控制措施包括：

单位应当建立建设项目招投标管理办法，根据项目的性质和标的金额，明确招标范围和要求，规范招标程序，不得人为肢解工程项目，规避招标。单位应当采用招标形式确定设计单位和施工单位，遵循公开、公正、平等竞争的原则，发布招标公告。

单位可以根据项目特点决定是否编制标底。需要编制标底的，可以自行编制或委托具有相应资质的中介机构编制。财务部门应当审核标底计价内容、计价依据的准确性和合理性，以及标底价格是否在经批准的投资限额内。标底一经审定应密封保存，直至开标时，所有接触过标底的人员均负有保密责任，不得泄露。一旦出现泄漏，不仅要按规定追究有关责任人的法律责任，还要及时终止或延迟开标，待重新制定标底后再组织开标。

单位应当组建评标小组负责评标。评标小组应由单位的代表和有关技术、经济方面的专家组成。评标小组应客观、公正地履行职务，遵守职业道德，对所提出的评审意见承担责任。评标小组应采用招标文件规定的评标标准和方法，对投标文件进行评审和比较，择优选择中标候选人。评标小组对评标过程应进行记录，评标结果应有充分的评标记录作为支撑。

单位应当按照规定的权限和程序从中标候选人中确定中标人，及时向中标人发出中标通知书，在规定的期限内与中标人订立书面合同，明确双方的权利、义务和违约责任。

工程价款支付

工程项目一般都存在着规模大、投资多、工期长、多方参与、实施情况复杂等特点，因此工程项目价款支付应有其特殊的管理方式，以确保工程项目的资金安全，提高投资效益，避免出现资金浪费。

（一）材料价款支付的控制

在这个过程中重点是审核材料计划，检查对外采购、验收及移交材料的品种、规格、数量、金额与材料采购计划是否一致。建设单位应根据施工组织设计安排的工程进度和工期，组织技术部门和监理部门进行认真的审核，保证按需供应，既不能影响工程施工，又要避免囤积材料，大量占用建设资金。

（二）工程预付款的控制

建设单位在同施工单位签订施工合同前，应由审价部门对工程预算进行认真、细致的审核，以合理确定合同价款，签订合同。施工单位根据双方合同规定的比例，向建设单位提报工程预付款申请表。建设单位合同部门审核无误报财务主管批准后，办理付款手续。财务部门要根据合同中预付款的起扣点，制定相应的预付款扣除时间和比例，既不能因为预付款的起扣点影响施工单位的资金周转，又要在合同规定的时间内将预付款全额扣回。在这个环节中，主要是控制预付比例和制定合理的扣除时间。

（三）工程进度款的支付控制

首先，施工单位根据本月完成的实际工程量，向建设单位提报工程施工形象进度，包括本月完成的分项工程名称、数量、金额，本月消耗的主要材料的数量、金额等。建设单位接到工程进度提报后进行审核（或交监理公司进行审核），主要审查工程进度提报的工程量和实际完成的工作量是否相符，然后由计价部门重点审核定额的套用是否准确，费用的支出是否合理，是否在合同范围内等，审核时应将工程进度中包含的由建设单位提供的材料费用单独列出。审核后将工程进度报单位负责人批准，然后转交财务部门办理支付。依据工程合同，扣除当月结转的材料款，扣除当月应扣回的工程预付款，算出当月拨付工程款的具体数额并报财务主管批准后，办理支付。如果累计拨款数已达到合同规定的拨款数额，但工程施工仍需要追加拨款，应先由施工单位申请追加工程预算，然后经建设部门有关人员审核、签字认可，报单位负责人批准后执行。

在这个环节中主要是审核工程数量和计价金额。其中审核工程数量是关键控制环节，只有对提报的工程数量进行认真的审核，才能避免施工单位虚报工程量、冒领工程款的现象发生，防止工程款付超。

工程实施

工程项目实施后，单位应严格控制项目变更，对于必要的项目变更应经过相关部门或中介机构（如建设项目监理、财务监理等）的审核。重大的项目变更应比照项目决策和预算控制的有关程序严格控制。因项目变更等原因造成价款支付方式及金额发生变动的，应当提供完整的书面文件和其他相关资料。单位会计人员应当对项目变更所涉及的价款支付进行审核。

工程项目的进度控制是为了保证工程项目按计划进行，通常应对工程项目各建设阶段的工作内容、工作程序、持续时间和逻辑关系编制计划，并在该计划付诸实施的过程中，经常检查实际进度是否按计划要求进行。对出现的偏差要分析原因，并采取补救措施，或者调整、修改原计划，直至工程竣工，交付使用。进行进度控制应当在考虑三大目标对立统一的基础上，明确进度控制目标，包括总目标和各阶段、各部分的分目标。监理工程师应根据业主的委托要求科学、合理地确定进度控制目标。

对于工程项目的进度控制所采取的措施主要有组织措施、技术措施、合同措施、经济措施和管理措施等。组织措施就是建立进度控制的组织系统，落实各层次的控制人员及其职责分工，建立各种有关进度控制的制度和程序；技术措施就是采用先进的进度计划编制技术，采用先进的控制方法与手段保证进度控制有效进行；合同措施就是采用有利于进度目标实现的合同模式，通过签订合同明确进度控制责任，加强合同管理，以合同管理为手段保证进度目标的实现；经济措施就是保证进度计划实现所需资金，采取对工期提前给予奖励、对工期延误给予惩罚等措施；管理措施就是通过内部管理提高进度控制水平，通过管理消除或减轻各种因素对进度的影响。

工程项目竣工验收

竣工验收是指工程项目竣工后由建设单位会同设计、施工、监理单位以及工程质量监督部门等，对该项目是否符合规划设计要求以及建筑施工和设备安装质量进行全面检验的过程。该环节的主要风险点包括：竣工验收不规范，质量检验把关不严，可能导致工程交付使用后存在重大隐患；虚报项目投资完成额、虚列建设成本或者隐匿结余资金，导致竣工决算失真；竣工验收时权责不明、验收不及时，验收资料不合格、不齐全或未按规定审批，都可能埋下重大隐患；建设项目未及时结转可能引发的风险。

竣工验收环节是工程项目进展中的一个重要环节，该环节的关键控制措施包括：建立规范的竣工验收的内部控制制度，明确规定各个流程需要注意的事项以及每个流程的控制点及相关负责人；单位应当及时组织设计、施工、监理等有关单位对建设项目进行竣工验收，确保建设项目的质量符合设计要求；应对竣工验收进行审核，重点审查验收人员、验收范围、验收依据、验收程序等是否符合相关规定，并可聘请专业人士或中介机构帮助单位验收；验收合格的建设项目，应当及时编制财产清单，办理资产移交手续，并加强对资产的管理。

工程项目决算

单位应当及时编制竣工决算,开展决算审计,组织专业人员进行竣工验收,重点关注项目投资额、概预算执行、资金管理、建设项目质量等内容。该环节的关键控制措施包括:首先,单位应当建立决算环节的控制制度,对竣工清理、竣工决算、决算审计、竣工验收等做出明确规定,确保竣工决算真实、完整、及时。其次,单位应依据国家法律、法规的规定及时组织审核竣工决算。重点审查决算依据是否完备,相关文件资料是否齐全,竣工清理是否完成,决算编制是否正确。最后,单位应当建立竣工决算审计制度,及时组织竣工决算审计。未经竣工决算审计的建设项目,不得办理资产验收和移交手续。

【案例8.1】 某事业单位(××中心)专项工程项目控制流程

一、业务目标

1. 专项工程项目立项符合国家有关投资、建设、安全、消防、环保等方面的规定及中心内部管理制度,立项决策程序和过程合法合规,立项经严格、周密的论证,符合国家和单位的利益,技术上可行,能够产生预期的经济和社会效益。

2. 依据国家有关规定组织项目招标工作,采取多种有效措施防止各种舞弊行为,确保招标过程合法合规。

3. 遵守《合同法》等法律、法规的规定,有效控制建设项目合同的签订,维护中心合法权益,避免中心承担法律风险。

4. 有效控制项目建设过程,保障各项手续的及时办理、施工管理有序、施工质量和进度控制有效,合理控制工程设计变更和预算调整,按规定进行项目价款支付审核和价款结算。

5. 按照规定的时限和程序及时办理竣工决算,组织竣工决算审计,按规定办理建设项目档案和资产移交。

6. 保证建设项目会计核算真实完整、财务报告及时准确,项目文件资料的收集、整理、归档和保管符合规定。

二、业务风险

1. 工程项目立项、招投标、合同签订违反国家法律法规，可能遭受处罚和赔偿，造成中心经济损失和信誉损失。

2. 工程项目可行性研究和概预算编制、审核不当，造成项目资金的不足或浪费。

3. 工程项目建设过程不能有效控制，导致工程质量、进度出现问题，影响工程预期的经济和社会效益难以有效实现。

4. 竣工验收和资产移交不规范，可能导致工程交付使用后存在重大隐患。

5. 不能真实、完整地进行工程项目的会计核算，相关工程项目资料不能有效管理，不能按规定办理工程价款审核和支付，出现腐败舞弊行为，可能导致中心资产损失。

三、机构、岗位设置和职责分工

1. 专项工程项目管理机构的设置及分工

（1）工程科为中心专项工程项目归口管理部门，负责受理项目申请和项目建议，组织项目的可行性论证和评估，组织或委托招标，办理工程开工的前期工作，组织编制概、预算，监督工程质量及进度，组织工程验收和决算，组织项目支出绩效评价等。

（2）财务审计科负责财务预算编制、工程项目核算、工程价款的审核与支付、工程支出审计，参与工程项目的可行性论证与评估、工程概预算、结算审核、工程建设监督、工程验收和决算、工程竣工决算审计等。

（3）各分中心提出所辖区域的专项工程项目立项申请，配合工程科的项目立项和组织实施工作，协助项目现场管理，参与项目验收等。

2. 不相容岗位

项目建议、可行性研究与项目决策；概预算编制与审核；项目实施与价款支付；竣工决算与审计。

四、业务流程

1. 工程立项

（1）立项申请

各分中心依据中心的统一安排及所辖区域的建设维修需要，在每年4月底向中心工程科上报专项建设、维修项目立项申请。提出立项申请时应填写《专项工程申报表》，说明项目名称、主要建设或维修工程内容、工程量、估算价、实施理由等，《专项工程申报表》由分中心负责人审核签字后连同相关附件一起上报。

工程科依据中心发展规划和年度建设任务，可单独提出新建设施和维修等方面的专项工程立项建议。立项建议以《专项工程申报表》形式呈现。

（2）项目可行性研究

对申请的专项工程项目，投资估算10万元以下的，由工程科组织现场勘查调研，审查、论证各专项维修项目的必要性、可行性及估算的正确性后，提出年度专项建设、维修项目实施计划，经中心领导研究核准后依规定程序组织工程招标和实施。投资估算超过10万元（含10万元）的专项工程项目，中心进行初步审查筛选后，依程序上报上级主管部门审核批准。

上报的专项建设和维修项目经局计划部审核同意后，工程科根据工程投资意向聘请工程设计单位编制项目可行性报告。所聘工程设计单位应具备行业认可的专业资质，并与其签订委托合同。

项目可行性报告的内容包括：项目的必要性和依据、建设方案（至少三套方案）、拟建规模和建设地点的初步设想；投资估算、资金筹措方案设想；项目进度安排；经济效果和社会效益的初步估计；环境影响的初步评价。

工程科组织相关部门或委托具有相应资质的专业机构，对可行性研究报告进行全面审核和评价，提出评审意见。工程科依据评审意见选定建设方案，完善项目可行性报告。

工程科将完善后的可行性报告以文件形式报局计划部，协调设计单位准备项目可行性汇报材料，参加局项目审核会。项目审核会后，设计单位依据审核会的意见进一步完善可行性报告。工程科将审核意见原件留存，设计单位留复印件。

(3) 项目立项预审批

工程科将可行性报告及附件送计划部，由计划部审核批复。工程科将批复原件存档，复印多份用以办理其他事宜。

(4) 入库项目申报

工程科依据局计划部下发的入库通知及相关样表，根据本单位的入库项目的实际情况填写表格，汇总后上报局计划部。同时登陆项目库网站，按要求录入入库项目信息。

2. 工程设计与概预算

(1) 工程科委托的工程设计单位以初步设计方案为基础，依据工程概算定额和各种费用标准编制工程概算。

(2) 工程科委托的工程设计单位以工程概算和施工图为基础，依据施工图设计方案和已批准的施工图纸、现行预算定额、费用定额和材料价格等编制工程预算。

(3) 工程科会同财务审计科组织工程、技术、财务等相关人员对工程概预算进行审核，或者委托中介机构审核。

(4) 工程科将完善后的概预算报告以文件形式报局计划部。工程科准备项目概预算汇报材料，参加局专家会审会。概预算经会审后，工程科将专家会审意见原件留存，继续组织完善项目概预算。

(5) 项目立项正式审批。工程科将概预算报告送局计划处等待批复。工程科将经批复后的原件存档，复印多份以便办理其他事宜。

3. 委托招标

(1) 工程招标准备

工程科依据工程招标的相关法律法规、制度和既定程序，制定工程项目委托招标方案，报主管领导审批后进行工程招标的准备工作。工程科会同设计单位审核图纸，确定预算及工程量清单，同时准备多套施工图纸和内外效果图册。工程科向招标代理单位提供项目施工图和工程量清单，协助招标代理单位完成招标文件的编写。招标文件经工程科审核后报局招标科审核，审核通过后向厅招标办报备。

（2）工程招标监督

工程科主办人员和中心纪检人员依程序参与招标代理公司的招标过程，对重要环节进行监督，对发现的问题与招标代理方及时沟通解决，保障招标过程的公正、合规、合理。

（3）中标单位的确定及合同签订

开标会结束，在代理机构公示相关信息6天后，中心向局招标科报中标报告的红文，向中标单位发送中标通知书。中标通知书发出15天内，在中标单位向中心提交履约保函和5%的履约保证金后，由工程科代表中心与中标单位签署工程施工合同。合同签署依合同管理流程执行。

4. 自行招标

（1）工程科会同财务审计科，制定工程项目自行招标方案，报主管领导审批后按照《××省工程施工招标投标管理办法》进行工程招标。

（2）工程科根据工程项目立项、审批及相关技术资料编制项目招标文件，项目招标文件确定的招标标准应报中心招标委员会审议通过后执行。

（3）工程科发布招标公告或投标邀请函，确保招标信息的公开和所邀请的投标单位符合资质。

（4）在招标活动中，应建立回避制度，与投标单位有关联的人员应该回避，不得参与招投标的相关活动。同时应严格保密制度，避免标底的泄露行为。

（5）工程科应组建评标小组。评标小组可由中心相关科室专业人员和外部专家混合组成，包括技术、经济、财务、纪检等方面人员。评标小组成员应尽可能采用随机抽选方式产生。评标小组人员应报中心纪检监察室审核确定。评标小组应客观、公正地履行职务，遵守职业道德，对所提出的评审意见承担责任。评标小组应采用招标文件规定的评标标准和方法，对投标文件进行评审和比较，择优选择中标候选人。评标小组对评标过程应进行记录，评标结果应有充分的评标记录作为支撑。

（6）工程科会同纪检监察室组织开标会。评标小组按照标书评选标准进行评选；确定并公示中标单位，及时向中标人发出中标通知书，在规定的期限内与中标人订立书面合同，明确双方的权利、义务和违约责任。合同签署依合同管理流程执行。

5. 工程实施的监控

（1）中心应当实行严格的建设项目监理制度，选择具备相应的资质和良好的职业操守的项目监理人员承担监理任务。监理人员应深入施工现场，做好建设项目进度和质量的监控，及时发现和纠正建设过程中存在的问题，客观、公正地执行各项监理任务。

（2）中心工程科收到施工单位提出的付款申请，应依据掌握的工程进度资料，根据合同约定，向财务审计科出具付款申请书。财务审计科核定付款额并报主管领导审批后及时支付工程款。经批准的投资概算是工程投资的最高限额，工程科、财务审计科应当协同控制超规模、超预算现象的发生。

实行国库集中支付的建设项目，中心应当按照财政国库管理制度的相关规定，根据项目支出预算和工程进度办理资金支付等相关事项。

（3）项目变更控制

中心应严格控制项目变更，对于必要的项目变更应经过相关部门或中介机构（如建设项目监理、财务监理等）的审核。重大项目变更应比照项目决策和预算控制的有关程序严格控制。因建设项目变更等原因造成价款支付方式及金额发生变动的，应当提供完整的书面文件和其他相关资料。财务审计科应当对建设项目变更所涉及的价款支付进行审核。

6. 竣工验收及决算

（1）工程完工后，工程科依据施工单位提交的经监理机构签署的《工程竣工报验单》，进行验收准备工作。

（2）工程科牵头，组织财务审计科、纪检监察室、分中心、服务区等单位人员成立工程验收小组，代表中心参加工程验收。

（3）中心工程验收小组与设计、施工、监理单位以及各质量监督部门等一起对工程全部内容进行验收，对该项目是否符合设计要求以及建筑施工和设备安装质量进行全面检验，确认合格后，共同签署《工程竣工验收单》。

（4）工程竣工验收后，工程科及时组织工程清理和工程结算。应由财务审计科组织、工程科配合实施工程竣工财务决算审计。工程竣工财务决算审计应委托有资质的社会审计机构实施。

（5）工程科依据决算审计报告和工程相关资料组织编制工程竣工决算，财务审计科组织编制工程财务决算。工程竣工决算书和工程财务决算书依程序报相关主管部门审批。

（6）财务审计科依据审批后的工程财务决算书进行账务处理。工程科依程序将工程形成的资产和工程档案移交分中心。

7. 会计核算与档案管理

（1）中心财务审计科按照国家统一的会计制度的规定设置会计账簿，统一建设项目的会计政策和会计科目，明确建设项目相关凭证、会计账簿和财务报告的处理程序与方法，遵循会计制度规定的各项核算原则。会计人员应当认真审核建设项目相关手续，根据审核无误的有关单据，及时归集建设项目成本，并进行账务处理。财务审计科应妥善保管相关记录、文件和凭证，确保建设过程得到全面反映。

（2）专项工程实行月报表制，在实施期间由工程科每月填写《专项工程月报表》报中心财务审计科，作为工程款支付审核的依据材料。

（3）工程科依据工程档案管理制度，对工程项目档案实行集中统一管理。工程项目档案的归档应与工程项目建设同步，工程科应及时接收及整理工程设计、工程施工、工程监理单位移交的工程项目文件。整理归档的项目档案应经中心负责人、档案室审查并经相关部门验收合格后在中心档案室归档保管。

五、主要控制点

1. 中心对申报项目的审查论证
2. 工程设计单位的选择
3. 设计方案的审核
4. 概预算的编制、审核、审批
5. 招标文件的编制与审核
6. 评标
7. 合同签订
8. 工程款支付审批
9. 项目变更审批
10. 工程验收
11. 竣工财务决算审计
12. 工程档案验收、归档

六、主要业务文档

1. 专项工程申报表
2. 年度专项维修项目实施计划
3. 项目可行性报告
4. 项目审核会意见书
5. 入库项目汇总申报表
6. 工程概算
7. 工程预算
8. 工程立项批复
9. 招标方案
10. 中标通知书
11. 履约保函
12. 工程施工合同

13. 专项工程项目申报表

14. 专项工程月报表

15. 付款申请书

16. 付款审批单

17. 工程竣工报验单

18. 工程竣工验收单

19. 工程决算审计报告

20. 工程竣工决算书

21. 工程财务决算书

22. 资产移交清单

七、相关制度目录

1. 《中华人民共和国招投标法》

2. 《中华人民共和国审计法》

3. 《中华人民共和国预算法实施条例》

4. 《××省省级部门预算管理办法(试行)》

5. 《××省省级预算项目管理办法》

6. 《基本建设财务管理规定》

7. 《财政投资评审管理规定》

8. 《××省财政投资评审管理办法》

9. 《建设工程价款结算暂行办法》

10. 《交通基本建设项目竣工决算报告编制办法》

11. 《××省基本建设项目竣工财务决算审批办法》

12. 《××中心预算资金审批暂行办法》

13. 《××中心服务设施维修管理办法》

第九章 货币资金和往来资金控制

货币资金控制的目标

相信对于许多人来说,货币资金并不是一个陌生的概念,无论是在何种单位,货币资金的管理都是重大问题。对货币资金和往来资金进行有效的控制,对于事业单位来说也尤为重要。事业单位需要通过多种合规且可行的方式筹集事业发展所需的资金,也需要加强对资金的使用管理,确保资金使用合法、合规、合理、有效。一般来说,事业单位的货币资金,除了包括现金、银行存款、其他货币资金外,还包括财政拨款收入和零余额账户用款额度等区别于企业的资金,因此也应等同常规的货币资金进行管理。

事业单位货币资金的控制,首先应确保资金的使用符合国家法律法规的有关规定,确保资金使用的合法性和合规性;其次,应注意货币资金的安全,避免出现被非法挪用、盗窃的情况;再次,应该做好货币资金往来和使用的登记,做好资金的会计核算。

做好货币资金的内部控制,有利于防范资金收支风险,维护资金安全。资金收付贯穿于事业活动全过程,单位内部各部门、单位外部相关单位和个人都直接或间接参与其中,其中任何一个环节、任何一个机构和个人出现差错,都可能危及资金安全、影响业务活动。加强货币资金及往来资金的内部控制,有利于及时发现问题,防范并化解有关风险。加强货币资金和往来资金的管理,还有助于促进资金的合理使用,规范单位业务收支,推动事业可持续发展。

货币资金控制的主要内容

货币资金的关键控制点主要包括:

(一) 审批控制

把收支审批点作为关键点,是为了控制资金的流入和流出,审批权限的合理划分是资金合理合法收支的前提条件。审批活动的关键点包括:制定资金的限制接近措施,经办人员进行业务活动时应该得到授权审批,任何未经授权的人员不得办理资金收支业务;使用资金的部门应提出用款申请,记载用途、金额、时间等事项;经办人员在原始凭证上签章;经办部门负责人、主管领导和财务部门负责人审批并签章。

(二) 复核控制

复核控制是减少错误和舞弊的重要措施,根据单位内部层级的隶属关系可以划分为纵向复核和横向复核这两种类型。前者是指上级主管对下级活动的复核;后者是指平级或无上下级关系人员的相互核对,如财务系统内部的核对。复核关键点包括:会计主管审查原始凭证反映的收支业务是否真实合法,经审核通过并签字盖章后才能填制原始凭证;凭证上的主管、审核、出纳和制单等印章是否齐全。

(三) 收付控制

资金的收付反映着业务活动中资金的来龙去脉。该控制点包括:出纳人员按照审核后的原始凭证收付款,并对已完成收付的凭证加盖戳记,并登记日记账;主管会计人员及时、准确地记录在相关账簿中,定期与出纳人员的日记账核对。

(四) 记账控制

资金的凭证和账簿是反映资金收付的信息源,如果记账环节出现管理漏洞,很容易导致整个会计信息处理结果失真。出纳人员应根据资金收付凭证登记日记账，会计人员根据相关凭证登记有关明细分类账；主管会计登记总分类账。

（五）对账控制

对账是账簿记录系统的最后一个环节，也是报表生成前的一个环节，对保证会计信息的真实性起到重要作用。对账控制点包括：账证核对、账账核对、账表核对、账实核对等。

（六）银行账户管理控制

单位应当严格按照《支付结算办法》等国家有关规定，加强银行账户的管理，严格按规定开立账户，办理存款、取款和结算。重点关注银行账户的开立、使用和撤销是否有授权，下属单位或机构是否有账外账等。

（七）票据与印章管理

印章是明确责任、表明业务执行及完成情况的标记。印章的保管要贯彻不相容职务分离的原则，严禁将办理资金支付业务的相关印章和票据集中一人保管，印章要与空白票据分管，财务专用章要与企业法人章分管。

（八）货币资金岗位控制

由于货币资金的特殊性，需要单位内部明确与货币资金管理相关的各岗位的具体工作内容、权限范围及责任，从而确保机构的设置和人员的配备更加合理高效，资金的使用更加安全和有效。正常情况下，单位应实施资金集中管理，财务部门设置专门的资金收付岗位，会计核算岗位与资金收付岗位的职责和权限进行严格划分，避免出现货币资金相关的业务都由同一个人进行操作的情况，通过不相容岗位相分离减少发生舞弊的可能性。具体在进行岗位的设计与分工时，应该注意：出纳不得兼管稽核、会计档案保管和收入、支出、债权、债务账目的登记工作；严禁一人保管收付款项所需的全部印章；财务专用章应当由专人保管，个人名章应当由本人或其授权人员保管；负责保管印章的人员要配备单独的保管设备，并做到人走柜锁；按规定由有关负责人签字或盖章的，应当严格履行签字或盖章手续。

【案例9.1】 南川长坪村扶贫监督有高招，一张发票7个签名

（案例来源：《重庆日报》，2018年7月24日）

一张张金额并不大的发票上，却密密麻麻地签上了经办人、村监委会主任、村支书等7个名字，经过如此"繁琐"的流程后资金才能拨付下去——这是6月11日，《重庆日报》记者在南川区河图镇财务办公室看到的长坪村资金拨付记录。

扶贫资金是高压线，如何管好、用好是门大学问。长坪村用扩大资金拨付知晓度的方式，让扶贫资金在"众目睽睽"之下难以被人"钻空子"——脱贫攻坚实施3年来，该村共计投入4410万元项目资金，没有发生一起违规违纪违法现象，其做法被中组部和国务院扶贫办点名表扬。

"其实，这是个笨办法，一人两人不够，我们就增加人数，让大家都盯着这笔钱，都对这笔钱负责任，有人要打'歪主意'，总不可能瞒过7个人的眼睛吧。"河图镇党委书记陈刘伟说，长坪村是该镇唯一的市级贫困村，镇里在3年前就专门为该村设计了这套流程，加强监管。

需要签字的这7个人，分别是资金拨付经办人、村监委会主任、村支书、镇驻村组长、镇驻村领导、镇长和村主任。之所以村主任是最后一环，是因为其相当于村里的"法人"，对所有扶贫项目负责。

这样一来，该村主任解秀伦就"压力山大"，每次拿到资金拨付单或者发票，看到上面已经签了一长串名字，他就更加谨慎、小心，对项目资金的来龙去脉一审又审。"七道关口"的做法，将一些可能发生的风险挡在了门外。《重庆日报》记者采访时，村监委会主任李雪芳正在接待扶贫项目业主鲁其中。鲁作为承建方，为村里代建了一个农庄，现在工程已经开工，他要求村里支付预付款。他交来的单据上，资金拨付经办人已经签字，但李雪芳一眼看出少了税收单，就将其打了回去。"所以，一个人的眼睛可能有疏漏，但7个人基本可以做到明察秋毫。"他说。

不过，任何项目都要7个人签字，对项目的实施进度有一定的影响。刚开始，村党支部书记李秋明对此有些微词："有时候这个要开会那个又

不在，找人签字都得好几天。"但后来，陈刘伟语重心长地告诉他："事前麻烦一点，总比事后出了问题找你们麻烦要好得多吧。"他一想也是这个理，"这其实是对我们的一种保护，以前村里穷得叮当响，大家对这块资金并不在意，但现在资金量这么大，项目这么多，村民的监督意识也强，流程还是复杂点好"。

为了配合这套流程，村里还同步设计了其他制度和环节。如立项前有村民大会提议、村委会汇总、村民大会表决等7个步骤，事中有镇相关部门工作人员、驻村干部、村支两委干部等组成的监督小组进行全程监督，事后严格验收审计。这么做，一方面是确保项目精准实施，另一方面也让有签字权的7个人全过程知晓、参与项目，签起字来更有底气。

资料显示，从2015年7月以来，长坪村实施扶贫项目12个大项31个小项，共计投入资金4410万元，没有发生任何违纪违法违规案件，没有任何群众来信来访，所有项目均按要求推进、完成并一次性通过验收。一张发票7个签名的做法，先后被中组部和国务院扶贫办肯定，被列入"五大发展理念"典型案例和精准扶贫精准脱贫成功案例。

往来资金控制的目标与内容

往来资金核算和管理是事业单位会计和财务管理的重点和难点，涉及单位日常经济业务及管理活动的各个方面，一定程度上反映了单位会计核算和财务管理的水平，同时也反映了单位内部控制是否完善有效。加强往来账款的管理，有利于事业单位避免资金长期挤占，加速资金周转、提高资金使用效益，防止国有资产流失，加强预算管理，提高会计信息质量。

一般情况下，往来资金是指资金的融入和融出，一般收付资金对应的银行存款和库存现金科目的对方科目为往来款项，即各种应收应付款项。对于事业单位来说，往来资金可以按照债权和债务进行分类，债权型往来资金包括应收票据、应收账款、暂付款、预付账款、其他应收款、财政应返还额度等；债务型往来资金包括应缴预算款、应缴财政专户款、暂存款、短期借款、长期借款、应付票据、预收账款、应付账款、应缴税金等。

往来资金管理存在若干风险，如往来资金管理违反国家法律法规，可能遭受外部处罚、经济损失和信誉损失；往来资金管理中不相容职务混岗，也可能导致贪污或挪用公款；往来资金管理未经适当审批或超越授权审批，可能因重大差错、舞弊、欺诈而导致损失；往来资金的发生、结算、清理等环节控制不当，可能造成单位资产损失；往来资金记录不准确、不完整，可能造成账实不符或导致财务报表信息失真。

往来资金的控制重点在于往来发生时的授权审批。（1）与其他事业单位、机关、社会团体、企业单位等进行业务活动时，对往来资金金额的确定、合同的签订等，必须履行严格的审批手续。明确审批人的授权批准方式、权限、程序、责任及相关控制措施，规定经办人的职责范围和工作要求。（2）严禁未经授权的部门或者人员办理涉及往来资金的业务。单位任何人无权独立做出重大资金往来决策。任何未经授权批准的资金往来行为，无论该种行为是否造成经济损失，都应当受到调查和追究。经过授权的人员，必须在授权范围内开展和执行相关资金往来业务，任何越权行为都应当受到追究。（3）制定对外资金往来业务流程，明确往来资金持有、执行等情况的内部控制要求，如实记录每一次往来资金环节的开展情况。

往来资金及时清理是往来资金控制的又一重要内容。单位应当建立往来资金定期清理制度，明确清理依据和要求。单位应当定期分析往来资金的构成及余额情况，积极采取有效措施，提示及时报账或返回资金。定期将往来资金明细项目在一定范围内予以公示，接受监督，增强透明度。对长期挂账的往来资金，单位在清理的基础上，在履行规定程序和手续后应做出相应处理，该收回的抓紧催收，该核销的及时予以核销，必要时运用行政、法律的手段对造成的损失依法追究有关责任人员的责任。

近年来，一些事业单位（如高校）频现债务危机，引人关注。事业单位作为非营利单位，适度举债有助于事业发展，但如果债务控制不当，形成债务负担，则必然影响事业发展。为防范过度举债，事业单位必须建立健全债务管理制度，单位应确定大额举债的额度标准，坚持领导班子集体决策，不允许一个人说了算或擅自改变集体决定。经办人员办理借款业务必须得到批准和授权。

第十章 实物资产的控制

实物资产控制的目标和内容

事业单位的实物资产是指由事业单位占有、使用的,在法律上确认为国家所有,能以货币计量的各种固定资产、物料用品、专用设备、一般设备、文物和陈列品、图书、办公用品和低值易耗品等。它包括事业单位使用国家财政性资金形成的资产、国家拨给事业单位的资产、事业单位按照国家政策规定运用国有资产组织收入形成的资产,以及接受捐赠和其他经法律确认为国家所有的资产。

对于种类和来源十分繁杂的实物资产,事业单位应当明确实物资产的取得依据,明确其决策和审批流程,并且在此基础上,对实物资产的取得、验收、领用、盘点、处置等流程进行明确的控制,制定相关的流程和标准,从而保障实物资产的安全性和完整性。此外,对于实物资产的购置预算、供应商的选择、内部调剂、维护保养等重要事项,也应明确相关的程序和规定,对于实物资产所涉及到的各个环节进行实时监控,从而避免造成实物资产的流失和浪费。

固定资产控制要点

固定资产主要包括房屋、建筑物、机械、运输工具、仪器设备以及其他与事业活动开展有关的设备、器具、工具等。单位应当根据所拥有的固定资产的特点,分析、归纳、设计合理的业务流程,健全风险管控措施,保证固定资产安全、完整和有效使用。

(一) 固定资产的取得

固定资产的取得包括外购、自行建造、调拨转入等方式。固定资产取得的主要风险是：未按照政府采购和招投标的有关规定购置资产，存在程序风险；新增固定资产验收程序不规范，可能导致资产质量不符合要求，进而影响资产使用；固定资产投保制度不健全，可能导致应投保资产未投保、索赔不力，不能有效防范资产损失的风险。

外购固定资产应当根据合同、供应商发货单等对所购固定资产的品种、规格、数量、质量、技术要求及其他内容进行验收，出具验收单，编制验收报告。自行建造的固定资产，应由建造部门、固定资产管理部门、使用部门共同填制固定资产移交使用验收单，验收合格后移交使用部门投入使用。未通过验收的不合格资产，不得接收，必须按照合同等有关规定办理退换货或采取其他弥补措施。对于具有权属证明的资产，取得时必须有合法的权属证书。

应重视和加强固定资产的投保工作，根据固定资产的性质和特点，确定固定资产的投保范围，严格执行相关的政策。

(二) 固定资产登记

取得每项固定资产后均需要进行详细的登记，编制固定资产目录，建立固定资产卡片，以便于固定资产的统计、检查和后续管理。避免因固定资产登记不及时、登记内容不完整，造成资产流失、资产信息失真、账实不符等问题。

(三) 固定资产运行维护

固定资产使用部门会同资产管理部门负责固定资产的日常维修、保养。应将固定资产的日常维护流程体制化、程序化、标准化，定期检查，及时消除风险，提高固定资产的使用效率，切实消除安全隐患。固定资产使用部门及管理部门应建立固定资产运行管理档案，并据以制定合理的日常维修和大修理计划,并经主管领导审批。固定资产实物管理部门应审核施工单位资质和资信,并建立管理档案;修理项目应分类,明确需要招投标的项目。施工和修理完成后,由施工单位出具交工验收报告,经资产使用部门和实物管理部门核对工程量并审批。重大项目应专项审计。

(四) 资产清查

单位应建立固定资产清查制度,至少每年全面清查一次,以保证固定资产账实相符,及时掌握资产使用状况。固定资产清查中发现的问题,应当查明原因,追究责任,妥善处理。

财务部门组织固定资产使用部门和管理部门进行定期清查,明确资产权属,确保实物与卡、财务账表相符,在清查作业实施之前编制清查方案,经过管理部门审核后进行相关的清查作业。在清查结束后,清查人员需要编制清查报告,管理部门需就清查报告进行审核,确保其真实、可靠。清查过程中发现的盘盈(盘亏),应分析原因,追究责任,妥善处理,报告审核通过后应及时调整固定资产账面价值,确保账实相符,并上报备案。

(五) 固定资产处置

固定资产处置方式不合理,可能造成经济损失。单位应当建立健全固定资产处置的相关制度,区分固定资产不同的处置方式,采取相应控制措施,确定固定资产处置的范围、标准、程序和审批权限,保证固定资产处置的科学性,使单位的资源得到有效的运用。

对使用期满、正常报废的固定资产,应由固定资产使用部门或管理部门填制固定资产报废单,经上级部门或授权部门批准后对该固定资产进行报废清理。对使用期限未满、非正常报废的固定资产,应由固定资产使用部门提出报废申请,注明报废理由,单位组织有关部门进行技术鉴定,按规定程序审批后进行报废清理。对于重大固定资产的处置,应当考虑聘请具有资质的中介机构进行资产评估,采取集体审议或联签制度。涉及产权变更的,应及时办理产权变更手续。对出租的固定资产由相关管理部门提出出租或出借的申请，写明申请的理由和原因，并由相关授权人员和部门就申请进行审核。审核通过后应签订出租或出借合同，包括合同双方的具体情况、出租的原因和期限等内容。

存货控制要点

存货是单位在开展业务活动及其他活动中为耗用而储存的各种材料、燃料、包装物、低值易耗品及达不到固定资产标准的用具、装具、动植物等资产。单位应当对存货实施归口管理，建立健全存货管理制度，合理设置存货管理岗位，落实取得存货、验收入库、保管领用、盘点清查等控制措施。

（一）取得存货

事业单位因业务活动的差异，存货的规模和种类各不相同。单位应依据事业需要，本着合规和成本效益原则，确定不同类型的存货取得方式，在政府采购目录范围的应该走政府采购程序，符合招标采购要求的应招标采购。

（二）验收入库

外购材料或商品，必须经过验收（质检）环节，以保证存货的数量和质量符合合同、相关规定和产品质量要求。如验收程序不规范、标准不明确，可能导致数量克扣、以次充好、账实不符。

外购存货的验收应当重点关注合同、发票等原始单据，并就其数量、质量、规格等核对一致。涉及技术含量较高的货物，必要时可委托具有检验资质的机构或聘请外部专家协助验收。对于以其他方式取得的存货，应当重点关注存货来源、质量状况、实际价值等是否符合有关合同或协议的约定。

对于入库的存货，存货管理部门应根据入库单的内容对存货的数量、质量、品种等进行检查，符合要求的予以入库；不符合要求的，应当及时办理退换货等相关事宜。入库记录应真实、完整，应定期与财会等相关部门核对，不得擅自修改。

（三）保管领用

存货仓储保管方法不适当、监管不严密，可能导致损坏变质、价值贬损、资源浪费。因此，存货仓储期间要按照仓储物资所要求的储存条件妥善贮存，做好防火、防洪、防盗、防潮、防病虫害、防变质等保管工作，不同批次、型号和用途的产品要分类存放。存货管理部门应对库存物料和产品进行定期巡查和定期抽检，详细记录库存情况；对于进入仓库的人员应办理进出登记手续，未经授权人员不得接触存货。存货领用应填写领用申请，保留领用记录。

（四）盘点清查

存货的盘点清查一方面是要核对实物的数量是否与相关记录相符、账实相符，另一方面也要关注实物的质量是否有明显的损坏。单位应当建立存货盘点清查工作规程，结合单位的实际情况确定盘点周期、盘点流程、盘点方法等相关内容，定期盘点和不定期抽查相结合。盘点清查结果要及时编制盘点表，形成书面报告，包括盘点人员、时间、地点、实际所盘点存货的名称、品种、数量、存放情况以及盘点过程中发现的账实不符情况等内容，对盘点清查中发现的问题，应及时查明原因，落实责任，按照规定权限报经批准后处理。

【案例10.1】某事业单位（××中心）固定资产管理业务流程

一、业务目标

1. 保证固定资产安全、完整，提高使用效率。

2. 实行固定资产分类管理，如实反映固定资产的价值，保证账面价值的真实、准确和完整。

3. 固定资产管理应遵守国家和上级部门有关取得、使用和处置等方面的规定及单位内部规章制度。

二、业务风险

1. 因保管不善、使用不当，发生被盗、毁损、事故等，造成固定资产损失。

2. 未及时、完整办理固定资产保险，给国有资产造成经济损失。

3. 取得固定资产违反国家法律法规及中心内部规章制度的要求，造成损失。

4. 固定资产账目记录错误，造成财务数据不正确。

5. 固定资产管理违反国家和上级有关安全、消防环保等规定及单位内部规章制度，受到处罚或造成损失。

6. 违反固定资产处置的相关规定，造成资产流失。

三、机构、岗位设置和职责分工

1. 财务科是中心固定资产的价值管理机构，掌握中心固定资产的购建及使用状况，对中心下属单位和部门的固定资产管理和核算工作进行监督、控制和指导。负责固定资产的统一核算，编制固定资产核算凭证，正确填制会计报表。负责固定资产的增减变动，及时进行账务处理；负责会同管理部门对固定资产的使用情况进行盘点工作，做到账实相符，保持账、物、卡一致。负责对重要固定资产购建及处置的审批，组织重要固定资产的验收，负责国有固定资产产权登记申报，负责中心固定资产管理制度的制定和监督执行等。按要求向上级财务部门报送各种固定资产报表。

2. 中心综合科为固定资产的实物管理部门，负责中心机关计算机设备、办公家具以及交通工具及仪器设备的管理与使用监督。负责建立健全分管的固定资产的账（卡），并按期填报固定资产报表。正确办理固定资产的增值、转移、调拨、报废等手续。对使用部门、使用人固定资产的使用和管理定期指导维护和检查。定期对固定资产清查盘点，处理盈亏报废，提出盘点报告。建立健全固定资产档案资料。

3. 各科室（部门）、工作人员是固定资产的使用部门和责任人，负责固定资产使用的合理有效性，负责固定资产的日常维护、保养管理，对使用和管理的固定资产的安全性、完整性负责。

四、业务流程

1. 固定资产的取得

（1）综合科根据各使用单位（部门）实际情况，按照中心年度工作目标，每年编制中心固定资产购置预算建议及计划项目，经财政部门批准后，方可列入中心年度预算项目，未经批准，单位不得私自购置。固定资产需求部门应向综合科提出固定资产购置申请，综合科按预算要求进行审核，汇总编制月度固定资产采购计划。月度固定资产采购计划经中心负责人审批后，由中心负责固定资产采购的部门实施采购。凡符合政府招标采购要求的固定资产应按政府采购渠道和办法实施采购。

（2）财务科审查固定资产取得的发票、合同、固定资产交付清单等有关单据，并会同综合科、使用部门及相关技术部门对固定资产进行实物验收，填写固定资产验收单（一式三份）并共同签字，固定资产验收单是固定资产入账的依据。

（3）对取得的固定资产，依据固定资产验收单，财务科、综合科和使用部门同时登记各自的固定资产台账。每年年末各固定资产使用部门依据固定资产台账编制固定资产清单，报综合科和财务科核对。

（4）建筑安装工程竣工后交付使用的固定资产，由综合科会同相关使用部门，依据移交单位提供的固定资产移交单、工程财务决算、工程说明书、图纸等相关技术资料以及土地使用（占用）证明等，办理交接验收手续，并填制固定资产验收单，作为入账依据。

（5）对以调拨等其他方式取得的固定资产均应办理相应的验收手续。

（6）各单位已验收入账的、属于国有资产产权登记范围的应及时进行国有资产产权登记。综合科定期检查产权登记工作，督促各部门如实进行产权登记。

2. 使用与维护

（1）财务科应根据国家及行业有关要求和自身固定资产管理的需要，确定固定资产分类标准，编制固定资产分类目录。综合科负责建立固定资产的维护、保养和运行制度，保证固定资产的正常运行，提高固定资产的使用效率。

（2）固定资产使用部门依据综合科的授权使用和管理固定资产，负责固定资产的日常维护、保养、定期检查，及时消除风险，保证固定资产的安全与完整。使用部门对固定资产的使用及维护应形成记录，并定期向综合科提交固定资产使用情况报告。

（3）固定资产的维修或技术改造应由固定资产使用部门提出申请，报综合科审核，综合科可请求相关技术部门协助审核或进行可行性论证，使用部门按综合科批准的程序和预算实施维修或技术改造。使用部门应在维修或技术改造完成后提交固定资产维修或技术改造完成报告，由综合科会同财务科进行审核，并出具验收报告。审核后的维修或技术改造完成报告及验收报告由财务部门存档。固定资产大修理和技术改造，应依据国家统一的会计制度的规定及时进行账务处理。

3. 固定资产清查

（1）财务科会同综合科成立固定资产资产清查小组，每年组织一次固定资产全面清查，对盘盈、盘亏的固定资产，填写固定资产账存实存对比表，由清查小组写出具体处理建议，报中心分管领导审核，经中心主任审批及按规定的权限审批后，进行会计处理，调整固定资产账目。

（2）清查结束后，应组织验收，要分别填报"固定资产清查登记表"，一式二联连同文字说明，一份由综合科保存，另一联由财务科保存，以便备查。

4. 固定资产处置

（1）固定资产处置包括无偿调拨、转让、报废、报损等几种情况。综合科应当会同财务科，依据上级部门资产处置的相关规定，建立固定资产处置的相关制度，确定固定资产处置的范围、标准、程序和审批权限等相关内容，确保固定资产的合理利用。

（2）处置固定资产的申报程序。综合科对拟处置的固定资产向上级主管部门进行申报，提交处置固定资产的报告，经批准后填报《行政事业单位国有资产处置审批表》。《行政事业单位国有资产处置审批表》上报主管部门按程序审批。

（3）经主管部门审批后准许无偿调拨的固定资产，综合科应及时办理调拨手续。办理调拨时应填制固定资产调拨单，明确固定资产调拨时间、调拨地点、编号、名称、规格、型号、账面价值等，固定资产调拨单随同固定资产一同转移到接收单位。

（4）有偿转让的固定资产，综合科应会同财务科合理确定转让价格，如有必要，应委托具有资质的中介机构进行资产评估。确定的转让价格应报单位相关负责人审核批准。固定资产处置申报单价不得以低于《行政事业单位国有资产处置审批表》核定的价格进行交易。有偿转让的固定资产，财务科可凭批准的《行政事业单位国有资产处置审批表》，调整有关资产、资金账目。

（5）报废、报损的固定资产，应在提交的处置固定资产请求报告中说明报废理由，附报有关部门的技术鉴定，按规定的程序审批后进行报废清理。

5. 固定资产报告

综合科应按照上级固定资产管理的相关要求进行固定资产信息统计和报告工作，按照上级部门及财政部门规定的固定资产报告的格式、内容及要求，定期编制和报送相关固定资产报表，反映单位占有、使用国有固定资产的状况。固定资产报表经财务部门负责人审核后报送上级主管部门及相关国有资产管理部门。

五、主要控制点

1. 固定资产购置申请审批
2. 签订固定资产购置合同
3. 固定资产验收组织
4. 固定资产台账、卡片记录
5. 固定资产产权登记
6. 固定资产盘点
7. 固定资产调拨申请审批

8. 国有资产处置的审批

六、主要业务文档

1. 固定资产购置申请审批表
2. 固定资产购置合同
3. 固定资产验收单
4. 固定资产台账
5. 固定资产卡片
6. 固定资产产权证
7. 固定资产盘点登记表
8. 固定资产盘盈盘亏审批表
9. 固定资产调拨单
10. 固定资产处置审批表
11. 固定资产出租通知单

七、相关制度目录

1. 《事业单位财务规则》
2. 《事业单位会计准则》
3. 《事业单位会计制度》
4. 《行政事业单位内部控制规范(试行)》
5. 《事业单位国有资产管理暂行办法》
6. 《××省行政事业单位国有资产管理办法》
7. 《××省省级事业单位国有资产使用管理办法》
8. 《××中心固定资产管理办法(试行)》

第十一章 人力资源控制

人力资源控制的目标和内容

"管理之道,惟在用人。"人才是事业的根本,人力资源是事业活动开展和事业目标实现的基础保证。人力资源是指事业单位因事业活动需要而录(任)用的各种人员,包括管理人员、技术人员和工勤人员等。人力资源的合理配置,可以全面提升单位整体业务能力,保障事业活动的效率和效果。如果人力资源缺乏或过剩、结构不合理、开发机制不健全,事业目标可能难以实现;如果人力资源激励约束制度不合理、关键岗位人员管理不完善,则可能导致人才流失、效率低下;如果人力资源退出机制不当,又可能导致法律诉讼或单位声誉受损。因此,人力资源控制的主要目的是建立良好的人力资源管理制度和机制,保障人力资源计划的合理性和可行性、人力资源引进与开发的合规性和符合性、人力资源使用的效率性、人力资源退出的合理性和合法性,实现人力资源对事业目标的有效支持。

人力资源管理过程中主要包括三个方面的重要风险。一是人力资源缺乏或过剩、结构不合理、开发机制不健全,可能导致单位事业目标难以实现。二是人力资源激励约束制度不合理、关键岗位人员管理不完善,可能导致人才流失、效率低下或关键技术和国家机密泄漏。三是人力资源退出机制不当,可能导致法律诉讼或单位声誉受损。

人力资源计划

人力资源计划是指单位的人力资源部门和相关业务部门根据事业发展目标及内外环境的变化，科学地预测、分析未来的事业任务和环境对人力资源的要求，提供或开发人力资源的策略安排。人力资源计划工作专业性强，主要包括：预测人员需求、确定人员招聘或引进计划、制定培训计划、编制新增人力资源费用预算、计划执行方案等。

人力资源计划的主要风险是人力资源计划安排不符合实际需求或计划制定随意导致无法执行，即人力资源计划容易出现合理性和可行性方面的问题。产生问题的主要原因可能包括：

1. 为内部人编制的并无实际需求的招聘计划。

2. 按领导意图而不是按实际需求编制计划。

3. 人力资源部门缺乏调研，无原则满足业务部门的需求，造成人力资源计划与单位人力资源实际需要相脱离。

4. 业务部门本着"人多好干事"的思想提出超过实际需要的用人计划。

5. 人才引进标准过高或未能充分论证导致计划缺乏可行性。

6. 人力资源计划工作缺乏系统性、计划性、预见性、指导性和可操作性。

因此，人力资源计划工作的控制重点在以下几个方面：

1. 计划应符合事业目标对人力资源的基本要求。依据事业目标细化各部门的绩效目标和人员配额，严格执行约束性的定岗定编制度和标准。

2. 计划应符合单位长期的发展规划及人力资源规划。

3. 计划编制应做到公开透明，应事先公布计划编制方案，明确流程和标准，确定最终计划前公示业务部门用人需求、人才引进计划、人员招聘计划等，依据意见反馈完善计划。

4. 坚持计划的专家论证或集体审批制度，确保计划的相对合理性和可行性，避免只由人力资源部门或主管领导简单决策而形成最终计划。

5. 计划编制应有前瞻性，确保适应未来人员流动和事业发展等方面的变化，要有一定的预见性和导向性。例如在技术人才供给充足时加大招聘计划力度，既可储备人才又可以控制人力资源成本。

人力资源引进与开发

无论是新设立的事业单位还是存续的事业单位，为实现其发展目标和完成事业任务，都应确保人力资源及时引进和有效开发。人力资源作为单位总体资源的组成部分，与其他资源有机结合在一起，共同支撑单位的发展。从量上看，人力资源的引进既要依据年度人力资源计划，也要符合人员编制和政策控制的范围；从质上看，人力资源引进要符合相关能力框架、知识结构和综合素质；从层次上看，人力资源的引进要注意区分管理人员、专业技术人员和一般职工。同时，人力资源的引进和开发也应依据相应的管理要求。

和企业相比，由于事业单位在人员编制、经费保障、收入稳定性等方面存在一定的优势，多年来事业单位对求职人员有相当大的吸引力。《事业单位公开招聘人员暂行规定》实施以来，基本形成了"凡进必考"的局面，但在实际运行中，在事业单位招聘工作的各个环节，容易出现违规招聘的风险，甚至是腐败风险。事业单位招聘工作运行流程一般包括制定招聘计划、拟定招聘方案、发布招聘公告、受理报名及资格审查、组织笔试、组织面试、体检、考察、公示、办理聘用手续等诸多环节，大部分环节都存在违规操作的风险，从而影响招聘的公平公正及招聘人员的质量。

(一) 制定招聘方案环节的风险及防范

招聘方案用以明确招聘岗位、资格条件、招聘的时间与形式、考试的内容与方式、招聘工作的组织、纪律要求及其他有关内容。制定招聘方案环节的主要风险点包括：(1) 招聘方案内容不够完整、准确，招聘工作组织领导机构不够健全完善，工作责任和工作要求不够明确具体。（2）招聘形式因人而异，促生"萝卜招聘"。（3）岗位分类模糊不清，资格、条件的设置带有指向性、限制性。因此，制定招聘方案环节应注重：招聘工作的组织领导机制是否健全有效；是否体现"公开、平等、竞争、择优"的原则；工作责任和工作要求是否明确；方案是否经过审核；是否存在"萝卜招聘"的隐患等。

（二）发布招聘公告环节的风险及防范

发布招聘公告的主要风险包括：（1）信息发布的面过窄，没有有效传达到潜在求职人员。有的招聘公告只在相关单位的网站发布，或只在报纸上登一次公告，造成知情范围有限。（2）公告时间的选择不科学。公告时间在周末或公告时间较短，有可能使符合条件的考生不能及时得到信息。（3）故意制造信息的不对称，以减少竞争，为"萝卜招聘"提供潜在空间。为此，应及时审核公告内容与招聘方案的要求是否一致；审核社会应知情的信息是否在公告中得到完整的体现；公告信息要多渠道发布，且合理安排公告时间，扩大知情面，尽量减少信息不对称的程度。

（三）受理报名及资格审查环节的风险及防范

受理报名及资格审查环节的风险在于：（1）工作人员因主观或客观原因而存在资格审查把关不严，出现不符合资格要求的人员报名入围。主观上是因人情关系而故意把关不严；客观上是因业务不精，对一些问题拿不准。（2）资格材料（证明、学历）的真伪难以判断，导致资格审查时存在争议。为此，招聘单位应严格按照招聘条件进行资格审查，适当增加审核或复检环节，对工作人员做好业务培训，防止不符合条件的报考者通过审核或者出现符合条件的报考者被拒绝报名的情况发生。

（四）组织面试环节的风险及防范

面试环节容易成为考生怀疑或不放心的一个环节，也是风险点较多的一个环节。此环节的主要风险包括：（1）面试前资格复审把关不严，导致面试后或考察期间引发争议、纠纷。（2）面试方案、面试规则不科学、不严谨，出现面试结果公平性、合理性不足。（3）面试命题出现泄密情况或面试内容及题型存在倾向性、因人制题。（4）考官的选派不严谨，容易留下考生及家长攻关的空间，从而造成不公甚至腐败现象的发生。为此，面试方案的设计应体现公平、公正、规范的原则；面试命题、考官组成、面试程序、面试组织等环节应完善、严密；安全及保密措施应完善、有力；组织领导和工作责任落实到位。

（五）组织体检环节的风险及防范

体检环节可能会出现因考生及家长与医院工作人员串通作弊，工作人员责任心不强，不按规定办事，出现渎职失职行为，造成不合格人员通过体检的风险。因此，招聘单位应在体检前，按要求选好体检医院，一般应是县级以上综合医院，并与负责体检的医院签订协议书；做好相关人员的培训工作，提出工作要求，包括保密要求；必要时派专门工作人员到医院监督体检过程；对有疑问的，执行复检程序。

（六）考察环节的风险及防范

考察环节的主要工作是按考察要求和招聘公告相关规定对拟聘人员进行考察，形成考察报告。主要风险在于：考察单位或考察人未对考生进行实地且详细的考察从而形成不真实的考察报告。只是函询考察而没有实地走访、外出考察人员接受被考察对象的接待等，都有可能导致考察流于形式，甚至与有问题的考生有交易发生。因此，应规范考察工作程序，按规范和招聘公告的相关规定对拟聘人员进行考察，考察人员必须两人以上，考察人员不得接受被考察对象及相关单位的接待。形成考察报告后应提请单位集体研究确定拟聘人选。

【案例11.1】考试第一名被以"性格内向"为由拒录

（案例来源：《中国青年报》，2012年5月10日）

黄红怎么也没想到，就在她即将踏入国家公务员队伍的时候，一句"性格内向"将她挡在大门外。"这个理由实在太荒唐了。"黄红很不解。

27岁的黄红毕业于中国人民大学，目前在北京某公司从事财务工作，她一直期望成为一名公务员。去年10月16日，某局公开招录6名公务员。经过4个多月的努力，黄红通过了国家公务员考试、专业考试、面试和体检，面试成绩和总成绩排在该局"专业监管岗位"第一名。

就在她满心欢喜准备上岗的时候，接到了该局人事处的电话，"我被告知'岗位匹配度不够，理由是性格内向'，被取消录用"。

和她一样在最后关头被取消录用资格的还有两位。其中一位告诉记者，他被电话通知的理由是"岗位匹配度不够，理由是协调能力弱"。另一位被拒绝的理由是"岗位匹配度不够，理由是年龄太小、工作时间太短"。

三人无法接受这样的理由，多次向报考单位索要拒绝录用理由的书面文件，但该局拒绝出示。

记者致电该局人事处，负责人表示：今年，该局最终的确只录用了三人。对于拒绝黄红等三名考生的理由，表示不方便透露。

黄红等三人向记者提供了该局这次招考的岗位要求，其中明示：监管岗位招4人，综合岗位招2人。岗位要求共有四条，前三条为硬性指标，为职业属性、学历、英语成绩和专业要求；第四条为：具有较好的文字功底和良好的人际沟通能力，其他不限。

记者发现，该要求并未对"岗位匹配度"提出要求，也未提及性格、年龄和协调能力。这也是三名考生被拒绝后最不能理解的地方。

面试环节，三人顺利过关，分别列前三。

据三人回忆，面试结束后，该局人事处工作人员一再强调：这边工资待遇低，气候恶劣，工作条件艰苦，经常要出差到海拔3000米以上的地区，让他们考虑清楚。三人均表示能够接受，能够适应，完全有心理准备。

进入体检环节，只剩下包括黄红等三人在内的6名考生。由于该局此次计划招收6人，他们感觉已经"胜利在望"。

体检虽有波折，但在复检中，他们全部顺利过关。

通过体检之后，黄红等三人进入最终的考察环节。

3月13日，三人分别收到了该局的考察公告，上面明文写着："经过笔试、面试、体检，现在进入政审考察环节，为全面了解该同志的政治思想、道德品质、能力素质、学习和工作表现、遵纪守法、廉洁自律等情况……"

该局考察组分赴北京、山西和山东，对三人进行摸底调查。

一切都看似很顺利，不料，3月20日，三人都接到了取消录用的电话通知。

黄红至今无法接受"性格内向"的理由。

记者在黄红目前工作的单位找到了她的领导财务部孟经理，孟经理曾接待过考察组，她说，"我觉得'性格内向'这个理由就是找茬儿，根本就不切实际"。

"黄红都经过面试了，是否内向应该能看出来吧。就算是内向，也不至于不能工作吧。"孟经理说，"黄红在我们这里工作挺好的，我看不出她有什么性格问题。"

黄红向记者提供了她所在公司3月13日出具的"单位鉴定意见"，其中写着："该同志与单位同事相处和睦，交流融洽，善于取长补短，虚心好学，注重团队合作……"

针对黄红"性格内向"被拒绝录用，该局人事部门负责人以保密为由没有做出正面答复。他说："我们招考的时候，要求很明确：要求有良好的人际沟通能力，他们在报考的时候没有认真看我们的条件。从我们考察的情况来看，有的考生性格内向，不太适应岗位要求。"

黄红曾多次提出疑问，如果真有性格问题，难道面试时无法发现吗？

对此，该负责人表示，面试不能反映考生的真实情况，"面试无法完全反映个人能力。有经验的考生只要花上一个月的时间，花点工夫做准备，再看网上破解的方法，应付面试是比较容易的"。

"我们在考察的时候，与他们公司的同事、领导进行了谈话，我们有谈话记录，有民主测评表，不是个人认为怎样就怎样，是别人对他的评价怎么样。""我们到目前为止，所做的所有事情没有违反国家公务员录用的规定，我们也愿意接受社会的监督。"

同样不服气的还有其他两位，都认为自己被告知协调能力弱的理由根本站不住脚，"我还没去进行试用期工作，怎么就说我协调能力弱呢？""为什么在考察环节才提出年龄太小？报考初审时已经通过，资格审查也通过了，最后认为职位不匹配是否太荒谬？"

从3月31日开始，他们三人分别向国家公务员局等部门提交了申诉信件，期望得到让他们信服的回复。

该案例至少反映了三个方面的问题：一是招聘方案设计有瑕疵，比如岗位要求不完整，没有提及岗位匹配、性格等要求；二是考察环节提出的结论不符合公开信息要求，难以体现公平；三是面试设计和考核不全面，出现排名在前能力却不够的不合理的评价结论。

人力资源的使用

良好的人力资源使用机制，可以促进员工队伍充满活力，保证员工连续的职业生涯，使人力资源符合单位事业发展目标，实现单位和员工的双赢。事业单位应当依据业务活动和岗位特点，设置科学的业绩考核指标体系，对各级岗位人员进行考核与评价，以此作为员工职级调整和解除劳动合同等的重要依据。单位要注重发挥绩效考核对调动员工积极性和创造性的引导作用，注重对绩效考核结果的科学运用。

一般来说，人力资源的使用主要存在如下风险：

1. 人员岗位安排不合理，未能人尽其才。
2. 人员过剩，人浮于事，工作效率低下。
3. 人员、岗位缺乏流动性，轮岗晋升机制不健全，限制了员工的工作活力。
4. 忽视人员业务和技术培训，造成员工专业能力提升缓慢。
5. 人员绩效考核机制不合理，缺少科学的考核管理体系，缺乏有效的激励与约束机制，无法调动员工工作积极性和主动性。

防范人力资源使用风险，主要应考虑从建立科学合理的人员使用制度入手，形成以人为本、尊重人才、关心员工成长的用人风气最为关键。单位可依据自身情况，完善以下几个方面：

1. 注重人员技术专长和业务能力的分析、评价，做到人员能力与岗位的匹配。

2. 完善岗位晋升、职称晋升、岗位轮换等制度，确保人员流动，保持人员活力。

3. 加强人员培训教育的投入，促进人员能力提升。

4. 绩效考核与薪酬相挂钩，既体现效率优先又兼顾公平，平衡管理人员和专业技术人员的薪酬，避免管理人员获得超越其实际贡献的薪酬，使薪酬体系符合政策法规及有效激励的要求。

5. 提高员工的责任感、认同感和归属感，促使人力资源效用的发挥，使人力资源得到优化配置。

人力资源的退出

人力资源的退出是人力资源管理的重要组成部分。单位应以人为本，建立和完善人力资源激励约束机制，从战略层面、管理层面理性对待人力资源的退出，致力促进人力资源系统良性循环。通过辞职、正常退休、调出、参加国家或地方考试进入另一个单位、停薪留职、离岗转岗等途径，可以实现员工直接或间接的退出，让更适合的人员充实相应的岗位，实现人力资源的优化配置。

人力资源退出主要面临的风险：一是单位可能违反国家法律、法规，引发劳动纠纷，带来经济及名誉损失；二是员工退出不规范、缺乏有序的管理，影响业务的顺利进行；三是员工退出信息没有被及时、准确记录，影响人力资源管理信息库和员工薪酬核算的准确性；四是员工退出未能履行保密义务，造成重要技术、知识产权或国家秘密的泄露，造成损失。

人力资源退出风险的防范主要应考虑以下几个方面：

1. 要建立清晰明确、合法合理的人员退出标准和退出程序，按程序及时公开人员退出信息。

2. 人员退出应严格按照法律规定进行操作，要有书面材料记录，要履行报批程序，使员工退出具有充分证据。需要补偿员工的按政策补偿到位。

3. 人员退出后应及时更新人员数据库，通知人员所在部门、财务部门等相关部门，停止工资发放，避免"吃空饷"的情况出现。

4. 重要管理岗位和技术岗位人员离职前，应根据有关法律法规的规定进行工作交接或离任审计。

薪酬管理

薪酬既是对员工劳动的认可和补偿，也是体现公平、激励和约束的人力资源管理手段。事业单位薪酬管理与企业相比有其特殊性，如政策性强，自主性弱等。事业单位薪酬管理主要存在两个方面的风险：第一，违反国家法律、法规及财政部门的要求，可能使单位遭受外部处罚，使单位遭受经济及名誉损失。第二，如果薪酬分配不合理，或薪酬的激励和约束机制不能正常发挥作用，就会损伤员工的工作积极性，影响事业活动的开展。所以，必须以建立科学的薪酬激励机制为核心，形成符合单位事业目标实现、有效发挥人力资源作用的薪酬体系。可以采取的控制措施主要有：

1. 薪酬制度应符合国家和地方相关法律法规的要求，绩效、津贴、补贴的发放必须有政策依据，实施方案应经论证并经单位领导集体决策，重大绩效工资改革方案应经职工代表大会审议通过。

2. 薪酬标准应保持一定的稳定性和延续性，避免频繁调整。

3. 加强绩效考核，绩效工资应与绩效考评结果挂钩，保证薪酬发放的公平、准确。

4. 统筹考虑管理人员与专业技术人员的薪酬，应制定有利于调动大多数人积极性、有助于事业发展的绩效工资政策。

【案例 11.2】高校绩效工资难平衡！

（案例来源：网易新闻 2013 年 3 月 18 日，http：//news.163.com/13/0318/8@7K31RN0001124Jhtml）

某大学在绩效工资改革中出现了一个三级教授的收入还抵不上一个后勤科长的情况。

在该校的一次教职工代表大会上，提交会议表决的绩效考核实施方案（审议稿）被指更倾向于行政人员，缺乏对一线教职工的应有尊重，并且出现了教师集体表达不满的情况。

该校党委宣传部长向记者证实，本次事件起因或为部分教师因缺乏了解而引起误解。事件发生后，校方高度重视，并且已经集中精力重新研究，在充分尊重老师意见的基础上对实施方案进行进一步修订。

多位老师共同还原了会议现场：校方在通过 PPT 演示及口头宣读之后，即让参会代表表决通过该实施方案，当时举手同意的人数并不多，在工作人员统计尚未结束之际，校方领导即宣布该实施方案获得通过。

另一方面，所谓教职工代表，70% 是处长或副处长，25% 是正教授，5% 是其他代表。一位参会代表透露，他所在的代表团接近 40 人，其中只有 4 名一线教师代表。

"我们根本就是被代表"，这引起与会一线老师以及旁听老师的不满。参会一线老师在会议室门口聚集表达意见，不少老师闻讯加入，最终参与老师超过 300 人。

多位老师一再强调，他们一直保持克制，并未采取任何过激手段。该校党委宣传部长告诉记者，整个事件大概持续一小时，后在校方劝说下老师逐渐散去。

综合多位老师的陈述，该绩效考核实施方案的最大争议是过于倾向于行政人员，有悖于高等院校薪酬"应向一线教职工倾斜"的政策，导致该校"教育行政化"进一步加深。

具体而言，首先是该实施方案在专职教师和行政人员的绩效待遇上没有参照国家的标准。从20世纪90年代末，我国部分高校开始实行校内岗位津贴制度，教授的岗位津贴相当于正处级，依此类推，副教授的岗位津贴相当于副处级，讲师的岗位津贴相当于科级。

但按照该大学的绩效实施方案则出现相反情况，例如，该实施方案中该校正处级别领导一年为97300元，副处为81000元，正科为63000元，而相对应的正教授为4级64400元，副教授为5级51400元，6级为46400元，7级为41400元……

多名教授解释，以上只是固定薪酬部分，大抵占总薪酬的70%，另有30%为浮动薪酬。在多名教授看来，如果说固定薪酬的差异令人愤慨，那浮动薪酬部分的差异则"无论如何也无法接受"。

按照该大学一直执行的标准，从教授到讲师每年需要完成的课时大抵在220节至260节之间，但新的实施方案则在这个基础上增加了大约70、80节课时，最终的要求是需要一线教职工每年完成320节左右课时的工作。

"在新实施方案下，我们需要完成这么多的课时（过渡期为290节，时限为一年），再加上科研任务之后，才可以获得超课时费收入作为浮动薪酬，超课时费平均每节课60元"，一名在该校从事教学工作十几年的教授说，"但行政人员只要每天坐满8小时班就可以拿到，而且他们没有科研任务，这太不公平了！"

不过，也有该校行政人员表示，方案中的教师系列工资未含任何教学科研工资量（教师上述薪酬金额不含超课时费和科研补贴，即所谓裸工资），而行政人员的工资是包含了工资后的全部金额。"修改后的工资方案做了极大调整，完全是对教师倾斜了，究竟是谁拿得多？"

一位在该校工作超过20年的老师透露，这次改革的大背景是市政府相关部门要求该大学在3月前要完成绩效改革方案，因为其他地方高校都已经完成了。"这个改革方案很神秘,每个系分发一本,没有电子版,也不让我们复印,在会议上也就是宣读一下。"

对此,该校党委宣传部长向记者表示,实施方案本身是一个审议意见稿与征求意见稿,将对老师提的意见与建议认真进行梳理,"合理的地方我们该吸收的地方吸收"。

同时他还认为,本次事件的发生是因为很多老师并不是正式的会议代表,他们可能对一些信息了解得并不是很全面,"实际上是误解,以为这就是已经通过了,所以采取了一些方式诉求,后来学校也比较重视,昨天、今天还有下周还要分头去了解这些老师的想法,去征求意见"。

但老师并不认可这一说法。他们认为,投票时老师抗议,但是校领导说这个方案可以修改,前提是必须通过后再修改,"根据以往的经验,这不过是细节上,原则性大方向不会修改。我们要修改的恰恰是这个"。

不过,该校网站首页上关于本次会议的通稿中,只是提及讨论并审议了这个考核方案,并未具体说明是否已经通过。

【案例 11.3】某事业单位(××中心)员工招聘业务流程

一、业务目标

1. 规范员工招聘工作,提高中心人事管理的效率和效果。

2. 严格员工招聘的程序,提高员工招聘质量,为中心发展提供人才支撑与保证。

3. 确保员工的招聘过程和结果符合国家法律、法规以及中心内部相关规章制度的要求。

二、业务风险

1. 员工招聘工作制度不健全和效率低下。

2. 员工招聘的数量或质量明显失去控制,不符合中心发展的人力资源需求实际。

3. 外部招聘中因发布招聘信息渠道的限制可导致虚假应聘。

4. 违反国家法律、法规，可能使中心遭受外部处罚。

三、机构、岗位设置和职责分工

1. 员工招聘管理机构设置及分工

（1）人事劳动科负责收集资料，确定用人计划；将中心事业人员招聘相关信息上报到上级管理部门；负责组织业务部门进行招聘面试。

（2）中心各业务部门（科室、分中心）负责本部门用人需求、岗位用工申请，参与对面试人员进行业务面试。

2. 不相容岗位

人员招聘与面试；人员招聘计划的编制与批准。

四、业务流程

1. 员工需求计划的确定

（1）人事劳动科负责在年底起草《关于编制××××年度人员需求计划的通知》，经人事劳动科签署后通过综合科办公平台下发各职能部门。

（2）各职能部门接到通知后，根据岗位空缺情况，本着以岗聘人原则，在部门编制范围内编制本部门《××××年度人员需求计划》，经部门领导签署同意后报中心人事劳动科。

（3）人事劳动科汇总各职能部门上报的需求计划信息后编制中心《××××年度人员需求计划》，报中心领导办公会审议通过后确定为次年人员招聘正式计划（审议结果在常务办公会会议纪要内进行记录）。

2. 员工招聘

（1）根据需求部门职责和岗位任职资格要求，员工招聘主要有三种形式，即内部调配、毕业生校园招聘和社会招聘。人事劳动科根据人力资源计划的需求在服务中心网站发布招聘信息。

（2）内部调配

部门负责人在中心内流动，由人事劳动科根据其个人能力和拟任岗位要求编制《干部任免讨论表》并提出相关意见，按《干部管理办法》中规定的审批权限报批。

一般员工的内部调配由调入部门在《关于调××同志到中心工作的报

告》（简称《调动工作报告》）中提出意见，人事劳动科依据拟调入员工个人能力和拟任岗位要求审核、审批后，办理调动手续。

（3）毕业生招聘

人事劳动科负责上报招聘计划，局（上级部门）负责毕业生招聘程序工作，通过局网站或者相关高校就业指导中心网站发布招聘信息后，一般由学校推荐、简历筛选、生成《参加笔试人员名单》、面试、体检等程序后确定最终录用人员，下派到中心人事劳动科并办理聘用手续。（符合统一招聘程序的按相关制度执行）

（4）社会招聘

通过局网站或者有关人才招聘网站发布《××中心招聘简章》，应聘人员报名并填写《应聘人员登记表》提交至局人事处，局人事处负责组织面试、考察，下派到中心，人事劳动科办理聘用手续。

3. 员工入职

（1）招聘人员正式报到后，由人事劳动科负责对员工进行入职教育，介绍中心的相关管理制度。

（2）办理《劳动合同》的签订、医疗保险手续及"人力资源管理信息库"中的人员信息增加。人事劳动科向需求部门开出介绍信并通知相关部门办理平台开通、门禁、外网等使用证件。

五、主要控制点

1. 人员需求计划审批

2. 招聘通知发布

3. 面试的流程标准制定

4. 招聘人才选拔

六、主要业务文档

1. 关于编制××××年度人员需求计划的通知

2. ××××年度人员需求计划

3. 人员需求申请

4. 干部任免讨论表

5. 人员录用审批报告

6. 参加笔试人员名单

7. 招聘简章

8. 应聘人员登记表

七、相关制度目录

1.《××中心人事劳资管理办法》

2.《××中心管理岗位上岗实施办法》

第十二章 信息系统控制与信息化内部控制体系

信息系统控制的目标和内容

信息系统一般是指单位利用计算机和通信技术,以处理信息流为基本目的,用以完成业务辅助处理和过程控制的信息化管理平台。在信息技术广泛应用的时代,各类组织越来越依赖于信息系统提升工作效率和加强内部控制,但信息系统本身具有复杂性和高风险的特性,使得单位在获得信息系统带来便利的同时,也需承担信息系统所带来的各种风险。做好信息系统的内部控制才能确保系统的有效利用并促进事业目标的实现。

信息系统内部控制的主要对象是信息系统,信息系统由计算机硬件、软件、人员、信息流和运行规程等要素组成。信息系统内部控制的目的主要包含以下两点:(1)促进单位有效实施内部控制,提高单位现代化管理水平,减少人为操纵因素。(2)增强信息系统的安全性、可靠性和合理性以及相关信息的保密性、完整性和可用性,为建立有效的信息与沟通机制提供支持保障。

信息系统内部控制以及利用信息系统实施内部控制也面临诸多风险,例如,信息系统缺乏或规划不合理,可能造成信息孤岛或重复建设,导致管理效率低下;系统开发不符合内部控制的要求,授权管理不当,可能导致无法利用信息技术实施有效控制;系统运行维护和安全措施不到位,可能导致信息泄漏或毁损,系统无法正常运行。

财政部发布了《企业内部控制应用指引第 18 号——信息系统》，这一文件虽然是针对企业的信息系统内部控制应用指引，但对事业单位信息系统的内部控制也提供了一定的参考。单位应当从以下三个方面对信息系统进行控制：(1) 信息系统的开发控制。对开发战略规划的制定、开发建设的流程进行控制，避免孤岛效应或重复建设、授权管理不当等问题使得系统无法有效利用，影响单位运行效率。(2) 信息系统的运行与维护控制。在日常运行维护、系统变更和安全管理方面进行控制，避免系统无法正常运行、安全措施不到位、系统变更随意等造成信息泄漏或毁损，达不到控制目标等问题。(3) 信息系统的终结控制。终结阶段的控制主要为了确保信息保管的安全，防止数据泄密。

信息系统的开发

单位根据发展战略和业务需要进行信息系统建设，主要在两个方面进行风险控制，一是战略规划，二是开发建设。

（一）战略规划的控制

信息系统开发的战略规划是信息化建设的起点，战略规划是以单位发展战略为依据制定的信息化建设的全局性、长期性规划。

制定信息系统战略规划的主要风险有两点：(1) 缺乏战略规划或规划不合理，缺乏整体观念和整合意识，可能造成信息孤岛或重复建设，导致单位管理效率低下。(2) 如果没有将信息化与单位实际需求相结合，或者各个系统各自为政，就会削弱信息系统的协同效用，甚至引发系统冲突，导致降低信息系统的应用价值。

为此，可采取的主要控制措施有：(1) 单位必须制定信息系统开发的战略规划和中长期发展计划，并在每年制定计划的同时制定年度信息系统建设计划，促进管理活动与信息系统的协调统一。(2) 单位在制定信息化战略过程中，要充分调动和发挥信息系统归口管理部门与业务部门的积极性，使各部门广泛参与，充分沟通，以提高战略规划的科学性、前瞻性和适应性。（3）信息系统战略规划要与单位的组织架构、业务范围、地域分布、技术能力等相匹配，避免相互脱节。

（二）开发建设的控制

信息系统的开发建设是信息系统生命周期中技术难度最大的环节。在开发建设环节，要将单位的业务流程、内控措施、权限配置、预警指标、核算方法等固化到信息系统中，因此，开发建设的好坏直接影响信息系统的成败。开发建设的方式主要包括自行开发、外购调试、业务外包等，每种方式有各自的优缺点和适用条件，单位应根据自身实际情况合理选择。虽然信息系统的开发方式不同，但基本流程大体相似，通常包含项目计划、需求分析、系统设计、编程和测试、上线等环节。

1. 自行开发方式的关键控制点和主要控制措施

自行开发是单位自身完成整个开发过程。自行开发可较好地满足本单位的需求，尤其是具有特殊性的业务需求，但往往开发周期较长、技术水平和规范程度较难保证，成功率相对较低。

项目计划环节的主要风险是：信息系统建设缺乏项目计划或者计划不当，会导致项目进度滞后、费用超支、质量低下。主要控制措施有：单位可根据信息系统建设整体规划提出分阶段项目的建设方案，明确建设目标、人员配备、职责分工、经费保障和进度安排等相关内容，按照规定的权限和程序审批后实施；单位可以采用标准的项目管理软件（如 Office Project）制定项目计划，并加以跟踪。在关键环节进行阶段性评审，保证过程可控；项目关键环节编制的文档应参照《GB8567-88 计算机软件产品开发文件编制指南》等相关国家标准进行，以提高项目计划编制水平。

需求分析环节主要是明确信息系统需要实现哪些功能，这一环节的主要风险有：需求本身不合理，对信息系统提出的要求不符合业务处理和控制的需要；技术上不可行、经济上不符合成本效益原则，或者与国家有关法规制度冲突；不能真实、全面地表达单位需求，存在表述缺失、表述不一致甚至表述错误等问题。主要控制措施包括：（1）信息系统归口管理部门应组织有关部门提出开发需求，加强系统分析人员和有关部门人员的交流，提炼形成合理的需求。（2）编制表述清晰、表达准确的需求文档，准确表述系统建设的目标、功能和要求。单位应采用标准建模语言（例如UML），运用多种建模工具和表现手段，参照《GB8567-88 计算机软件产品开发文件编制指南》等相关标准，提高系统需求说明书的编写质量。（3）单位应建立健全需求评审和变更控制流程。进行设计前，应当评审其可行性，由需求提出人和编制人签字确认，并经业务部门与信息系统归口管理部门负责人审批。

系统设计环节中，系统设计包括总体设计和详细设计，主要任务是设计出一个能在特定的计算机和网络环境中实现的方案，即建立信息系统的物理模型。这一环节的主要风险有：设计方案不能完全满足用户需求，不能实现需求文档规定的目标；设计方案不能有效控制建设开发成本，不能保证建设质量和进度；设计方案不全面，后续变更频繁；设计方案没有考虑信息系统建成后对单位内部控制的影响，导致系统运行后产生新风险。主要控制措施包括：（1）系统设计部门应当就总体设计方案对用户需求的覆盖情况与业务部门进行沟通，并对选定的设计方案予以书面确认。（2）单位应参照《GB8567-88 计算机软件产品开发文件编制指南》等相关国家标准，提高系统设计说明书的编写质量。（3）单位应建立设计评审制度和设计变更控制流程。（4）在系统设计时应当充分考虑建成后的控制环境，将业务流程、关键控制点和处理规程嵌入系统程序，实现手工环境下不能实现的控制功能。（5）应充分考虑信息系统环境下新的控制风险，如信息系统中的权限管理功能的使用。（6）针对不同的数据输入方式，强化对进入系统数据的检查和校验功能。（7）应考虑设置操作日志功能，确保操作的可审计性。对异常或者违背内部控制要求的交易和数据，应当设计由系统自动报告并设置跟踪处理机制。（8）对于必需的后台操作，应当加强管理，建立规范的操作流程，确保足够的日志记录，保证对后台操作的可监控性。

编程和测试环节。编程阶段是将详细设计方案转换成某种计算机编程语言的过程。编程阶段完成之后进行测试，测试主要是为了便于发现和改正错误，还可以对整个系统做出综合评价。这一环节的主要风险是：编程结果与设计不符；各程序员编程风格差异大，程序可读性差，导致后期维护困难，维护成本高；缺乏有效的程序版本控制，导致重复修改或修改不一致等问题；测试不充分，导致系统上线后可能出现各种严重问题。主要控制措施包括：（1）项目组应建立并执行严格的代码复查评审制度。（2）项目组应建立并执行统一的编程规范，在标识符命名、程序注释等方面统一风格。（3）应使用版本控制软件系统（例如 CVS），保证开发人员基于相同的组件环境，协调开发人员对程序的修改。（4）应区分不同测试类型，建立严格的测试工作流程，提高用户参与度，加强测试分析，尽量采用自动测试工具提高测试工作的质量和效率。

系统上线是将开发出的系统（可执行的程序和关联的数据）部署到实际运行的计算机环境中，使信息系统按照用户需求来运转。这一环节的主要风险有：缺乏完整、可行的上线计划，导致系统上线混乱无序；人员培训不足，不能正确使用系统，导致业务处理错误，或者未能充分利用系统功能；初始数据准备设置不合格，导致新旧系统数据不一致、业务处理错误。主要控制措施包括：（1）单位应当制定信息系统上线计划，并经归口管理部门和用户部门审核批准。上线计划一般包括人员培训、数据准备、进度安排、应急预案等内容。（2）涉及新旧系统切换的，应当在上线计划中明确应急预案，保证新系统失效时能够顺利切换回旧系统。（3）涉及数据迁移的，应当制定详细的数据迁移计划，并对迁移结果进行测试。用户部门应当参与数据迁移过程，对迁移前后的数据予以书面确认。

2. 业务外包方式的关键控制点和主要控制措施

业务外包是指委托其他单位开发信息系统，一般由专业公司或科研机构负责开发、安装实施。业务外包方式可以充分利用专业公司的优势，相应节约人力资源成本，但也存在沟通成本高、开发出的信息系统与单位的期望产生较大偏差等情况。

在业务外包方式下，单位对系统设计、编程、测试环节的参与程度明显低于自行开发方式，因此可以适当简化相应的风险控制措施，但同时也因方式的差异产生一些新的风险，需要采取有针对性的控制措施。

选择外包服务商的主要风险是：单位与外包服务商之间信息不对称容易诱发道德风险，外包服务商可能会实施损害单位利益的自利行为，如偷工减料、放松管理、信息泄密等。因此，单位在选择外包服务商时要充分考虑服务商的市场信誉、服务能力、服务成功案例等因素，进行严格筛选；单位可以借助外包业界基准来判断外包服务商的综合实力；单位要严格外包服务审批及管控流程，原则上应采用公开招标等形式选择外包服务商，并实行集体决策审批。

签订外包合同的主要风险是：合同条款的不准确、不完善，可能导致单位的正当权益无法得到有效保障。主要控制措施包括：（1）在签约之前，应针对可能出现的各种风险，恰当拟定合同条款，对涉及的工作目标、合作范围、责任划分、所有权归属、付款方式、违约赔偿及合约期限等问题做出详细说明，并由法律部门或法律顾问审查把关。（2）开发过程中涉及商业秘密、敏感数据的，单位应当与外包服务商签订详细的"保密协定"，保证数据安全。（3）在合同中约定付款事宜时，应当选择分期付款方式，尾款应当在系统运行一段时间并经评估验收后再行支付。（4）应在合同条款中明确要求保持专业技术服务团队的稳定性。

跟踪服务过程的主要风险是：单位缺乏跟踪评价机制或跟踪评价不到位，可能导致服务质量不能满足单位信息系统开发需求。单位应当规范外包服务评价工作流程，明确相关部门的职责权限，建立外包服务质量评价体系，定期对外包服务商进行考评，并公布评估结果，实现跟踪评价；必要时，可以引入监理机制，降低外包服务风险。

3. 外购调试方式的关键控制点和主要控制措施

外购调试方式是单位购买成熟的商品化软件，通过参数配置和二次开发满足需求。其优点是开发建设周期短，成功率较高，软件质量稳定，可靠性高。其缺点是难以满足单位的特殊需求，系统的后期升级进度受制于软件供应商产品更新换代的速度,单位自主权不强。在外购调试方式下,因单位要选择软件产品的供应商和服务供应商、签订合约、跟踪服务质量,单位可采用与委托开发方式类似的控制措施。另外,单位需要有针对性地强化某些控制措施。

软件产品选型和供应商选择。主要风险是:软件产品选型不当,无法满足单位需求;软件供应商选择不当,产品的支持服务能力不足,后续升级缺乏保障。主要控制措施包括:(1)单位应明确自身需求,对比分析市场上的成熟软件产品,合理选择软件产品的模块组合和版本。(2)在软件产品选型时应广泛听取专家的意见。(3)在选择软件产品和服务供应商时,不仅要评价其现有的功能和性能,还要考察其服务支持能力和后续产品的升级能力。

服务提供商选择。大型管理信息系统的外购实施,不仅需要选择合适的软件供应商和产品,也需要选择合适的咨询公司等服务提供商,以指导单位将通用软件产品与实际情况结合。服务提供商选择的主要风险是:服务提供商选择不当,削弱了外购产品的功能发挥,导致无法有效满足需求。主要控制措施为:在选择服务提供商时,不仅要考核其对软件产品的熟悉、理解程度,也要考核其是否深刻理解单位的特点、是否理解单位的个性化需求、是否有过相同或相近的成功案例。

信息系统的运行与维护

信息系统的运行与维护主要包含三方面的内容:日常运行维护、系统变更和安全管理。

(一)日常运行维护

日常运行维护的目标是保证系统正常运转,主要工作内容有系统的日常操作、日常巡检和维修、运行状态监控、异常事件的报告和处理等。这一环节的主要风险有:没有建立信息系统日常运行管理规范,计算机软硬件的内在隐患易于爆发，导致单位信息系统出错；没有执行例行检查，导致一些人为恶意攻击会长期隐藏在系统中，可能造成严重损失；系统数据未能定期备份，可能导致损坏后无法恢复，造成重大损失。

主要控制措施包括：（1）应当制定信息系统使用操作程序、信息管理制度以及各模块子系统的具体操作规范，及时发现和解决系统运行中存在的问题，确保系统持续稳定运行。（2）切实做好系统运行记录，尤其是对于系统运行不正常或无法运行的情况，应将异常现象、发生时间和可能的原因做出详细记录。（3）应当重视在硬件方面的日常维护，由专人负责各种设备的保养与安全管理、故障的诊断与排除、易耗品的更换与安装等。（4）配备专业人员负责处理运行中的突发事件，必要时应同开发人员或软硬件供应商共同解决。

（二）系统变更

系统变更是为了更好地满足单位需求，主要包括硬件的升级扩容、软件的修改与升级等。这一环节的主要风险有：单位没有建立严格的变更申请、审批、执行、测试流程，导致系统随意变更；系统变更后的效果达不到预期目标。

主要控制措施包括：（1）应当建立标准流程来实施和记录系统变更，保证变更过程得到适当的授权与管理层的批准，并对变更进行测试。变更应当严格按照管理流程进行操作，操作人员不得擅自进行软件的配置。（2）系统变更程序（如软件升级）需要遵循与新系统开发项目同样的验证和测试程序，必要时还应当进行额外测试。（3）应当加强紧急变更的控制管理。（4）应加强对将变更移植到生产环境中的控制管理，包括系统访问授权控制、数据转换控制、用户培训等。

（三）安全管理

安全管理是为了保障信息系统安全，保障硬件、软件和数据不因偶然因素和恶意行为而遭到破坏、更改和泄漏。这一环节的主要风险有：硬件设备分布物理范围广，设备种类繁多，安全管理难度大，可能导致设备生命周期短；业务部门信息安全意识薄弱，对系统和信息安全缺乏有效的监管手段，少数员工可能恶意或非恶意滥用系统资源，造成系统运行效率降低；对系统程序的缺陷或漏洞安全防护不够，导致遭受黑客攻击，造成信息泄露；对各种计算机病毒防范、清理不力，导致系统运行不稳定甚至瘫痪；缺乏对信息系统操作人员的严密监控，可能导致舞弊和利用计算机犯罪。

主要控制措施包括：（1）应当建立信息系统相关资产的管理制度、专门的电子设备管控制度，未经授权，不得接触。（2）成立专门的信息系统安全管理机构，进行总体规划和全方位严格管理，强化全体员工的安全保密意识，进行安全保密培训，并签署安全保密协议，建立信息系统安全保密制度和泄密责任追究制度。（3）按照国家相关法律法规以及信息安全技术标准，制定信息系统安全实施细则。（4）有效利用 IT 技术手段，对硬件配置调整、软件参数修改严加控制。（5）委托专业机构进行系统运行与维护管理的，应当严格审查其资质条件、市场声誉和信用状况等，并与其签订正式的服务合同和保密协议。（6）采取安装安全软件等措施防范信息系统受到病毒等恶意软件的感染和破坏。（7）建立系统数据定期备份制度。（8）建立信息系统开发、运行与维护等环节的岗位责任制度和不相容职务分离制度，防范利用计算机舞弊和犯罪。建立用户管理制度，加强对重要业务系统的访问权限管理，避免将不相容职责授予同一用户。采用密码控制等技术手段进行用户身份识别，定期对系统中的账号进行审阅，避免存在授权不当或非授权账号。对于超级用户，单位应当严格规定其使用条件和操作程序，并对其操作全程进行监控或审计。（9）应积极地定期对信息系统进行安全评估，及时发现系统安全问题并加以整改。

信息系统的终结

信息系统的停止运行称为系统终结，是信息系统生命周期的最后一个阶段。系统终结的原因通常是原有信息系统被新的信息系统代替或单位被撤销或合并。信息系统终结时的主要风险是：因条件发生变化，数据可能泄密；信息档案的保管期限不够长。

主要控制措施包括：（1）做好善后工作，不管何种情况造成系统停止运行，都应将废弃系统中有价值或者涉密的信息进行销毁、转移。（2）严格按照国家有关法规制度和对电子档案的管理规定，妥善保管相关信息档案。

信息化内部控制体系

在《行政事业单位内部控制规范(试行)》中，内部控制是指"单位为实现控制目标，通过制定制度、实施措施和执行程序，对经济活动风险进行防范和管控"。其中"执行程序"这一步，可以理解为采用手工的方式或者通过信息化的手段。《规范》也明确规定，单位应当充分运用现代科学技术手段加强内部控制。因此，为有效实施内部控制，单位也要合理利用信息技术手段，构建单位的信息化内部控制体系。

单位信息化内部控制体系是指借助互联网等信息手段，将内部控制嵌入信息系统之中，实现单位内部控制的程序化和常态化，使各管理层级真正可以在线获得完整而实时的信息，提高领导决策科学性和单位整体管理效能。信息化内控体系改变了传统内控体系的控制模式，有利于动员全体员工参与到内控体系中，最大限度地控制单位业务及其过程，提高信息的集成度、流转速度和透明度，避免不合理的人为控制，使事后控制模式向事前、事中、实时控制转变，从而有效提高内控质量，实现内控目标。

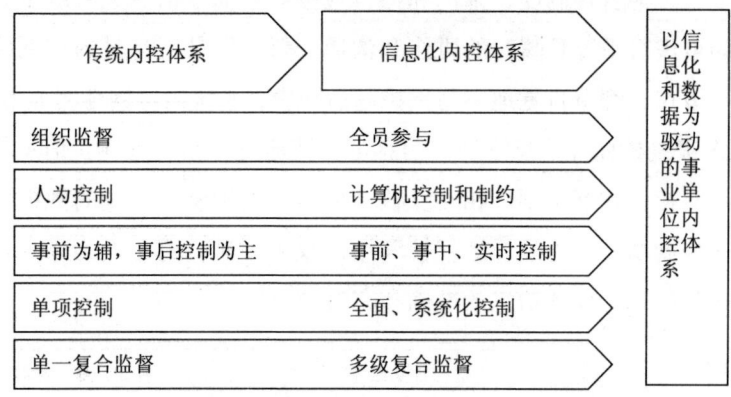

图 12.1 传统内控体系与信息化内控体系对比

理想的信息化内控体系应具有以下几方面特点或优势:

1. 更加体现控制的全面性和系统性。在信息化内控体系下,各项业务被全部纳入到控制范围,各业务全部在线完成。内部控制更重视控制链条中各个环节和要素的系统性,可以从更高层次整体把握内部控制的内涵。

2. 实时控制,效率更高。在传统的环境下,各项业务结束后,由专门的部门组织人员进行复核,以达到监督的目的,但这种方式对业务活动中出现的问题只能进行补救。信息化条件为单位提供了一个信息实时传输的平台,单位可以通过信息系统的程序对业务流程进行控制,不会出现人为控制的舞弊、疏忽等弊端。

3. 控制更加主动。传统控制环境下的内控方式,通过高层控制低层,上一层控制下一层来实现。信息化条件下,可以及时传递各种信息,每位员工处于一个高度透明的信息环境中,大大降低了信息不对称的程度,内部控制活动以自我控制为主。单位员工从例行的、机械性的工作中解脱出来,将更多的时间和精力投入到更具创造性的工作中。知识和信息高度共享,员工获得工作所需要的信息和其他员工的有效支持,可以真正实现全员参与和自我控制。

4. 控制更加协调。传统内部控制的等级明显,工作按照过程进行分解,然后通过命令和控制制度将其连接,指令往往自上向下逐级传达,此时内控多表现为管理制度、条例和操作规范等。而在信息化系统下，内部人员之间可进行平等且瞬时的协作和沟通，每一位员工都是内控网络上的决策点或节点，都可自觉地参与到控制活动中，系统内协调性明显增强。

5. 多级复核保证信息准确。信息可以被随时存储和查询，信息使用中形成多级复核，相互牵制、相互复核。可充分发挥网络系统的数据实时传输和程序控制功能，通过异地复核和用户权限限制，避免人为录入过程中产生错误和弊端，保证信息的准确和完整。

第十三章 内部控制报告

行政事业单位内部控制报告制度

为了进一步加强行政事业单位内部控制建设,规范行政事业单位内部控制报告的编制、报送、使用及报告信息质量的监督检查等工作,促进行政事业单位内部控制信息公开,提高行政事业单位内部控制报告质量,财政部发布《行政事业单位内部控制报告管理制度(试行)》,要求所有行政事业单位每年度终了都应编制和报送内部控制报告。

行政事业单位内部控制报告,是指行政事业单位在年度终了,结合本单位实际情况,依据《财政部关于全面推进行政事业单位内部控制建设的指导意见》和《行政事业单位内部控制规范(试行)》,按照制度规定编制的能够综合反映本单位内部控制建立与实施情况的总结性文件。

行政事业单位编制内部控制报告应当遵循下列原则:

1. 全面性原则。内部控制报告应当包括行政事业单位内部控制的建立与实施,覆盖单位层面和业务层面各类经济业务活动,能够综合反映行政事业单位的内部控制建设情况。

2. 重要性原则。内部控制报告应当重点关注行政事业单位重点领域和关键岗位,突出重点、兼顾一般,推动行政事业单位围绕重点开展内部控制建设,着力防范可能产生的重大风险。

3. 客观性原则。内部控制报告应当立足于行政事业单位的实际情况,坚持实事求是,真实、完整地反映行政事业单位内部控制建立与实施情况。

4. 规范性原则。行政事业单位应当按照财政部规定的统一报告格式及信息要求编制内部控制报告,不得自行修改或删减报告及附表格式。

内部控制报告编报工作按照"统一部署、分级负责、逐级汇总、单向报送"的方式,由财政部统一部署,各地区、各垂直管理部门分级组织实施并以自下而上的方式逐级汇总,非垂直管理部门向同级财政部门报送,各行政事业单位按照行政管理关系向上级行政主管部门单向报送。

行政事业单位应当加强对本单位内部控制报告的使用,通过对内部控制报告中反映的信息进行分析,及时发现内部控制建设工作中存在的问题,进一步健全制度,提高执行力,完善监督措施,确保内部控制有效实施。

行政事业单位内部控制报告的主要内容

内部控制报告需要对一年的工作加以总结,分析研究,肯定成绩,找出问题,得出经验教训,摸索发展规律,用于指导下一阶段的工作。内部控制报告是对内部控制工作实施结果的总鉴定和总结论,是对以往工作实践的一种理论化的认识,并进一步分析当前内控工作面临的新形势新任务,强调当前内控工作重点任务已从强化内控理念、搭建内控框架、完善内控制度转变为实质性业务管控和权力制约,力求抓重点、求实效。内部控制报告主要包含以下几部分:第一部分,内部控制的经验及做法,主要是对内部控制的主客观条件、有利和不利条件以及工作环境和基础等进行分析;第二部分,内部控制存在的问题,客观总结当年内部控制存在问题,对困难与机遇进行客观评判,为下一步内部控制理清思路,明确目标,制订措施,提供参考和保障;第三部分,改进思路及措施,明确采取有效措施,解决好有制度不落实、难落实,或者在执行过程中被虚化、弱化的问题等内容。

【案例13.1】:某事业单位(××中心)2017年度内控工作总结(简化版)

加强内部控制建设,是完善权力运行制约和监督机制的重要制度安排,也是贯彻落实全面从严治党、加强权力制约和监督、防止权力滥用的有效抓手。2017年，××中心高度重视内控工作，系统开展了一系列内控建设，取得了积极成效。

一、经验做法

在成立内控委，初步编制中心内控手册，制定《××业务专项内控办法》等6项专项高风险业务内控办法的基础上，中心拟定了内控工作方案，全面、系统推进内控体系建设。

一是完善组织机构。根据部内控委人员调整情况，结合中心内控工作需要，调整了内控委成员，中心领导班子全员参与内控委，明确职责分工，为做好内部控制工作提供了有效保障。先后召开内控工作会12次，研究部署内控工作。

二是推进制度建设。聘请专业机构全面、系统梳理中心各项业务流程，形成一级流程40个、二级流程90个、三级流程266个，更新完善中心《内部控制手册》。梳理中心制度96项，制定2017年度制度汇编。加强制度建设，促进制度体系更完整、细致与立体化，保证有据可依，助力提升内控工作成效。

三是坚持问题导向。在专业机构协助下，通过制度审阅、人员访谈、穿行测试、内部建议、集中讨论、管理层沟通等方式，梳理了中心内控现状，形成了《××中心内部控制现状诊断报告》，提出28项完善建议，召开中心办公会专题讨论研究。

二、困难问题

一是中心业务处于探索发展阶段，一些业务尚未定型，新增业务多、业务调整大，内部控制动态优化调整的及时性待进一步提高。

二是缺乏专门从事内控制度建设与内控体系落实的专业人员。

三是受人员限制，尚未完全做到岗位隔离，个别业务存在"一人多岗"现象。

四是办公自动化尚未正式上线，内控体系落地实施仍需加强。

三、下一步计划

2018年，中心以党的十九大精神为指引，进一步提高内部管理水平，规范内部控制，加强廉政风险防控机制建设，坚持以问题为导向，突出工作重心，将内控工作做实、做细、做好。

一是开展内控体系试运行，建立内控评价体系，实施内控评价工作，形成评价报告。

二是更新、完善内控制度体系，用制度管人、管事。

三是在试运行的基础上，开展中心风险评估工作。

四是面向中心全体员工开展内控宣传培训，提高风险防范意识。

五是加快OA上线，推动内控工作自动化。

四、工作建议

一是组织能力建设。内部控制是一项庞大的系统工程，建议部内控办多组织一些交流培训等能力建设活动，树立内控工作示范单位，推广宣传内控建设经验，培养一批既懂业务又懂内控的专业人才，真正把内控融入日常、抓在经常，确保内控工作取得良好效果。

二是加强对事业单位内控工作的业务指导。事业单位内控工作有其特殊性，建议部内控办加强与对口事业单位的联系，结合各单位实际指导开展内控工作，真正树立从风险角度开展业务的习惯，将内控思维、理念、方法培育成管理文化，确保内控工作真正融入管理、服务管理。

××中心

2018年2月27日

附件 1

2017年度行政事业单位内部控制报告

单位公章

单位名称：_____

单位负责人：_____（签章）

分管内控负责人：_____（签章）

牵头部门负责人：_____（签章）

填 表 人：_____

电话号码：_____

单位地址：_____

邮政编码：_____

报送日期：_____年____月____日

组织机构代码：☐☐☐☐☐☐☐☐☐	隶属关系（国家标准：隶属关系－部门标识代码）：☐☐☐☐☐☐
单位预算级次：☐☐	单位所在地区（国家标准：行政区划代码）：☐☐☐☐☐☐
单位基本性质：☐ （10.行政单位 21.参照公务员法管理事业单位 22.财政补助事业单位 23.经费自理事业单位 90.其他单位）	预算管理级次：☐☐ （10.中央级 20.省级 30.地（市）级 40.县级 50.乡镇级 ）
支出功能分类：	

内设机构数量：　　　　　　　　　2017年度支出总额：

年末实有人数：　　　　　　　　　单位编制人数：

一、单位内部控制情况总体评价

本单位内控总体运行情况：

二、单位内部控制总体成果

（一）单位层面

1. 单位内部控制领导小组负责人	2. 单位内部控制领导小组会议次数	3. 单位主要负责人参加会议次数
4. 班子成员是否在单位内部控制领导机构中任职	5. 单位内部控制工作小组负责人	6. 单位内部控制工作小组会议次数
7. 单位开展内部控制专题培训次数	8. 本年是否开展内部控制风险评估	9. 是否建立内部控制手册
10. 内部控制牵头部门	11. 内部控制评价与监督部门	12. 内部控制建设方式
13. 内部控制开展进度		
14. 内部控制适用的管理业务领域		
15. 内控信息系统涵盖业务领域		

（二）业务层面

权力集中的重点领域和关键岗位建立制衡机制的情况

1. 分事行权

业务类型	评价要点	评价指标结果/指标值
2. 分岗设权		
3. 分级授权		
4. 定期轮岗		
5. 专项审计		
内部控制流程与制度建立情况		
1. 内控流程建立领域		
2. 内控流程未建立领域		
3. 内控制度建立领域		
4. 内控制度未建立领域		
职责分离和主要风险管控情况	工作职责分离情况	主要管控风险点
业务类型		
1. 预算业务管理		
2. 收支业务管理		
3. 政府采购业务管理		
4. 资产管理		
5. 建设项目管理		
6. 合同管理		
内部控制制度执行情况		
业务类型		

· 175 ·

预算业务管理	1. 预算绩效目标设定比例	
	2. 预算批复细化程度	
	3. 预算执行控制程度	
	4. 绩效评价工作执行情况	
收支业务管理	1. 非税收入管控情况	
	2. 支出管控情况	
政府采购业务管理	1. 采购预算完成情况	
资产管理	1. 国有资产安全性	
	2. 资产配置预算完成率	
	3. 人均行政资产配置情况	
建设项目管理	1. 建设项目资金控制情况	
	2. 投资计划完成情况	
合同管理	1. 合同订立规范情况	
(三) 内部控制工作的经验、做法及取得的成效		

(四)内部控制工作中存在的问题与遇到的困难			
(五)下一步内部控制工作计划			
(六)对当前行政事业单位内部控制工作的意见或建议			
三、单位内部控制存在问题和建议			

问题领域	问题分类	存在问题	完善建议
单位层面	1. 单位对内部控制的重视程度		
	2. 内部控制组织机构		
	3. 重点领域和关键岗位制衡机制建设		
	4. 内部控制评价监督		
	5. 内部控制信息化		
	6. 工作职责分离		
预算业务管理	1. 建立健全内部控制制度		
	2. 内部控制制度执行		
收支业务管理	1. 建立健全内部控制制度		
	2. 内部控制制度执行		
政府采购业务管理	1. 建立健全内部控制制度		
	2. 内部控制制度执行		
资产管理	1. 建立健全内部控制制度		
	2. 内部控制制度执行		
建设项目管理	1. 建立健全内部控制制度		
	2. 内部控制制度执行		
合同管理	1. 建立健全内部控制制度		
	2. 内部控制制度执行		

附表：2017年度行政事业单位内部控制报告填报表

一、单位层面

项目	选项			
单位内部控制领导小组负责人	单位一把手（法人）□	分管财务领导□	其他分管领导□	未成立内部控制领导小组□
单位内部控制领导小组会议次数	0次□ 1次□ 2次及以上□	单位主要负责人参加会议次数	0次□ 1次□ 2次及以上□	
班子成员是否在单位内部控制领导机构中任职	是□ 否□	如是，请详列姓名及行政职务：		
单位内部控制工作小组负责人	单位一把手（法人）□	分管领导□	其他部门负责人□	未成立内部控制工作小组□
单位内部控制工作小组会议次数	0次□ 1次□ 2次及以上□	单位开展内部控制专题培训次数	0次□ 1次□ 2次及以上□	
本年是否开展内部控制风险评估	是□ 否□	是否建立内控制手册	是□ 否□	
内部控制牵头部门	行政管理部门□ 财务部门□ 内审部门□ 纪检部门□ 其他部门：			
内部控制评价与监督部门	行政管理部门□ 财务部门□ 内审部门□ 纪检部门□ 其他部门：			
内部控制建设方式	单位自建□ 外部协助□ 协助单位名称：			
内部控制开展进度	内部控制建立阶段□ 内部控制实施阶段□ 内部控制信息化阶段□			
内部控制适用的管理业务领域	预算业务管理 是□ 否□	收支业务管理 是□ 否□	政府采购业务管理 是□ 否□	资产管理 是□ 否□	建设项目管理 是□ 否□	合同管理 是□ 否□
内部控制信息系统是否建立	预算业务管理□	收支业务管理□	政府采购业务管理□	资产管理□	建设项目管理□	合同管理□

二、业务层面

权力集中的重点领域和关键岗位建立制衡机制的情况	1. 分事行权	对经济业务活动的决策、执行、监督，是否明确分工、相互分离、分别行权。	是□ 否□ 不适用□
	2. 分岗设权	对涉及经济和业务活动的相关岗位，是否依职定岗、分岗定权、权责明确。	是□ 否□ 不适用□
	3. 分级授权	对管理层级和相关岗位，是否分别授权，明确授权范围、授权对象、授权期限，授权与行权责任，一般授权与特殊授权界限。	是□ 否□ 不适用□
	4. 定期轮岗	对重点领域的关键岗位，是否建立干部交流和定期轮岗制度。	是□ 否□ 不适用□
	5. 专项审计	不具备轮岗条件的单位，是否对关键岗位涉及的相关业务采用专项审计等控制措施。	是□ 否□ 不适用□
工作职责分离情况	预算业务管理	1. 预算编制与预算审批	是□ 否□ 不适用□
		2. 预算审批与预算执行	是□ 否□ 不适用□
		3. 预算执行与分析评价	是□ 否□ 不适用□
		4. 决算编制与审核	是□ 否□ 不适用□
	收支业务管理	1. 收款与会计核算	是□ 否□ 不适用□
		2. 支出申请与内部审批	是□ 否□ 不适用□
		3. 付款审批与付款执行	是□ 否□ 不适用□
		4. 业务经办与会计核算	是□ 否□ 不适用□
	政府采购业务管理	1. 采购需求制定与审核	是□ 否□ 不适用□
		2. 采购文件编制与复核	是□ 否□ 不适用□
		3. 合同签订与验收	是□ 否□ 不适用□
		4. 验收与保管	是□ 否□ 不适用□
	资产管理	1. 办理货币资金业务的各岗位	是□ 否□ 不适用□
		2. 无形资产研发与管理	是□ 否□ 不适用□
		3. 对外投资的可行性研究与评估	是□ 否□ 不适用□
		4. 实物资产管理的决策、执行与监督	是□ 否□ 不适用□
	建设项目管理	1. 项目建议和可行性研究与项目决策	是□ 否□ 不适用□
		2. 概预算编制与审核	是□ 否□ 不适用□
		3. 项目实施与价款支付	是□ 否□ 不适用□
		4. 竣工决算与竣工审计	是□ 否□ 不适用□
	合同管理	1. 合同的拟订与审核	是□ 否□ 不适用□
		2. 合同的审批与订立	是□ 否□ 不适用□
		3. 合同的审核与审批	是□ 否□ 不适用□
		4. 合同的执行与监督	是□ 否□ 不适用□

第十三章 内部控制报告

建立健全内部控制制度情况

业务类型	环节（类别）	不适用	是否建立制度	是否编制流程图	主要管控风险点
预算业务管理	1. 预算编审与批复	□	是□ 否□	是□ 否□	
	2. 预算执行与分析	□	是□ 否□	是□ 否□	
	3. 预算追加调整	□	是□ 否□	是□ 否□	
	4. 决算管理	□	是□ 否□	是□ 否□	
	5. 绩效评价	□	是□ 否□	是□ 否□	
收支业务管理	1. 财政拨款收入	□	是□ 否□	是□ 否□	
	2. 事业收入	□	是□ 否□	是□ 否□	
	3. 经营收入	□	是□ 否□	是□ 否□	
	4. 票据管理	□	是□ 否□	是□ 否□	
	5. 借款管理	□	是□ 否□	是□ 否□	
	6. 报销管理	□	是□ 否□	是□ 否□	
	7. 支出申请与资金支付	□	是□ 否□	是□ 否□	
	8. 公务卡管理	□	是□ 否□	是□ 否□	
	9. 银行账户管理	□	是□ 否□	是□ 否□	
	10. 财务印章管理	□	是□ 否□	是□ 否□	

				是☐ 否☐	是☐ 否☐
建立健全内部控制制度情况（续）	政府采购业务管理	1. 采购预算及采购计划编审	☐	是☐ 否☐	是☐ 否☐
		2. 采购执行申请与审核	☐	是☐ 否☐	是☐ 否☐
		3. 采购组织形式确定	☐	是☐ 否☐	是☐ 否☐
		4. 采购方式确定及变更	☐	是☐ 否☐	是☐ 否☐
		5. 采购合同与采购档案管理	☐	是☐ 否☐	是☐ 否☐
		6. 采购验收与支付	☐	是☐ 否☐	是☐ 否☐
	资产管理	1. 库存现金管理	☐	是☐ 否☐	是☐ 否☐
		2. 实物资产配置管理	☐	是☐ 否☐	是☐ 否☐
		3. 资产使用与维修管理	☐	是☐ 否☐	是☐ 否☐
		4. 资产清查盘点管理	☐	是☐ 否☐	是☐ 否☐
		5. 实物资产处置管理	☐	是☐ 否☐	是☐ 否☐
		6. 资产报告管理	☐	是☐ 否☐	是☐ 否☐
		7. 对外投资立项管理	☐	是☐ 否☐	是☐ 否☐
		8. 对外投资过程管理	☐	是☐ 否☐	是☐ 否☐
		9. 对外投资资产评估管理	☐	是☐ 否☐	是☐ 否☐
		10. 对外投资处置管理	☐	是☐ 否☐	是☐ 否☐
		11. 对外投资绩效评价管理	☐	是☐ 否☐	是☐ 否☐

第十三章 内部控制报告

		评价要点	不适用	是/否	是/否
建立健全内部控制制度情况（续）	建设项目管理	1. 项目立项管理	□	是□ 否□	是□ 否□
		2. 项目设计与概预算	□	是□ 否□	是□ 否□
		3. 招投标管理	□	是□ 否□	是□ 否□
		4. 项目实施与变更管理	□	是□ 否□	是□ 否□
		5. 建设项目资金支付	□	是□ 否□	是□ 否□
		6. 竣工结算与验收	□	是□ 否□	是□ 否□
		7. 竣工决算审计	□	是□ 否□	是□ 否□
		8. 绩效评价	□	是□ 否□	是□ 否□
	合同管理	1. 合同拟订与审批	□	是□ 否□	是□ 否□
		2. 合同履行与监督	□	是□ 否□	是□ 否□
		3. 合同档案管理	□	是□ 否□	是□ 否□
		4. 合同纠纷处理	□	是□ 否□	是□ 否□
	其他领域管理				

	业务类型	评价要点	数据一	数值	数据二	数值
内部控制制度执行情况	预算业务管理	1. 预算绩效目标设定比例	预算项目数（标注口径）		设定绩效目标的预算项目数	
		2. 预算批复细化程度	内部预算分解指标总金额		预算细化分解至各部门（或附属单位）项目的指标金额	
		3. 预算执行控制程度	—		预算执行分析的月份数	
		4. 绩效评价工作执行情况	预算项目总数		实施绩效评价的项目数	

·183·

内部控制制度执行情况（续）	收支业务管理	1. 非税收入管控情况	□	应上缴非税收入	实际上缴非税收入
		2. 支出管控情况	□	财政资金支出预算批复总金额	财政资金支出实际采购金额
	政府采购业务管理	1. 采购预算完成情况	□	本年采购预算金额	本年实际采购金额
	资产管理	1. 国有资产安全性	□	处置资产入账价值	合规处置资产入账价值
		2. 资产配置预算完成率	□	行政办公资产配置预算数	行政办公资产配置金额
		3. 人均行政资产配置情况	□	单位编制人数	本年年底资产总额
					其中：通用办公设备
					家具
	建设项目管理	1. 建设项目资金控制情况	□	批准的概算投资额	建设项目决算投资额
		2. 投资计划完成情况	□	年度投资计划	年度实际投资额
	合同管理	1. 合同订立规范情况	□	合同总个数	合同审批个数

三、内部控制工作的经验、做法及取得的成效

四、内部控制工作中存在的问题与遇到的困难

五、下一步内部控制工作计划

六、对当前行政事业单位内部控制工作的意见或建议

填写说明

一、填报要求

此报告由各单位根据本单位内部控制建设情况如实填写。各单位应按照本报告附表(2017年度行政事业单位内部控制报告填报表)在2017年度行政事业单位内部控制报告填报软件中填报相关内容,软件自动生成"2017年行政事业单位内部控制报告"。各单位报送的纸质版内部控制报告仅包括软件自动生成的内部控制报告,附表内容无需报送。

二、封面填报方式

1. 表内的年、月、日一律用公历和阿拉伯数字表示。
2. "单位名称"应填写单位的全称;单位填报本级报告时,应在单位名称后加"(本级)"。
3. "电话号码"应填写填表人的联系电话号码。
4. "报送日期"应填写内控报告单位负责人审批通过时间。
5. "组织机构代码"应根据各级技术监督部门核发的9位主体标识码(第9位至17位)。
6. "隶属关系"和"部门标识代码"组成,以9位代码表示。其中,中央单位前六个空格根据个空格根据国家标准《中央党政机关、人民团体及其他机构代码》(GB/T 4657—2009)编制;地方单位前六个空格根据国家标准《中华人民共和国行政区划代码》(GB/T 2260—2007)编制,后三个空格按照单位财务或归口管理的部门、机构,比照国家标准《中央党政机关、人民团体及其他机构代码》(GB/T 4657—2009)填报。
7. "单位预算级次"应按照预算管理权限和经费领拨关系确定预算级次。非预算单位此项填报"无"。

8."预算管理级次"应按照单位预算分级管理的级次选择填写。

9."2017年度支出总额"应与2017年决算数一致，金额单位为"元"，结果保留整数；若单位在填报内部控制报告时点尚未统计出2017年年度支出总额，则填列2016年年度支出总额，并在金额后标注，如"2017年度支出总额：××元（2016）"，若未标记则默认为2017年金额。

三、附件：2017年度行政事业单位内部控制报告填报表"填报方式

（一）单位层面

1."单位内部控制领导小组负责人"中的分管财务领导包括单位总会计师。

2."单位内部控制领导小组会议次数"、"单位主要负责人参加会议次数"、"单位内部控制工作小组会议次数"、"单位开展内部控制专题培训次数"栏填写内容均需附会议纪要等作为佐证材料；若单位内部控制领导小组与工作小组共同召开会议，则每项各计1次。

3."本年是否开展内部控制风险评估"、"是否建立内部控制手册"栏填写内容需附相关佐证材料。

4．在"内部控制评价与监督部门"中，若存在多部门参与评价监督的情况，仅勾选内部控制评价与监督的牵头（归口）部门。

5．在"内部控制开展进度"中，内部控制建立阶段是指单位六大经济业务领域内部控制制度体系正在建立或已完成建立，但未付诸实施的阶段。内部控制实施阶段是指涵盖六大经济业务领域的内部控制制度体系已完成建立并付诸实施，但尚未采用信息化手段执行的阶段；内部控制信息化阶段是指单位内部控制已进入内部控制实施阶段，并采用信息化手段执行的阶段。

（二）业务层面

1. 在"建立健全内部控制制度情况"栏中，如单位不涉及某项业务领域对应的环节或类别，则在该项业务领域或业务领域及下属环节或类别勾选"不适用"。如单位涉及该业务领域及下属环节或类别，则在该项业务领域建立的内部控制制度和流程图中是否细化至相关环节或类别。此部分需附相关业务领域内控制制度和流程图等作为佐证材料。

2. "内部控制制度执行情况"涉及填写金额的部分，单位为"元"；如单位不涉及某项业务，则在该项评价要点勾选"不适用"。该部分内容填写需附系统截图或数据来源资料作为佐证材料。各评价要点取数规则如下：

（1）"预算业务管理"中的"预算绩效目标细化程度"，主要评价预算项目绩效目标设定情况。

"预算项目数"，是指纳入单位项目库管理范围的财政拨款预算事项数，预算项目数统计口径参照中央单位预算目标报送应统计到"项"级，如果单位有更加精细的管理可以按照更细致的分类统计，并标注统计口径。另外，对于跨年度事项，以预算年度为口径，凡根据项目库动态调整要求纳入当期预算安排，且应完成阶段性绩效目标的财政拨款预算事项，均纳入本指标评价范围；该指标建议参考"项目立项申请表及附件"等资料进行填报。

"设定绩效目标的项目数"，是指根据《财政支出绩效评价管理暂行办法》（财预[2011]285号）要求设定绩效目标的项目数量；该指标建议参考"预算批复细化程度"，主要评价支出预算金额分解至部门情况。

（2）"预算业务管理"中的"内部预算细化分解程度"，是指单位支出预算总额；该指标建议参考"预算报表"等资料进行填报。

"内部预算分解指标总额"，是指附属部门（或附属单位）项目的指标金额，是指结合业务实际开展计划，严格按照科目和经济科目分类要求，将支出预算细化至资金使用责任主体的金额。该指标建议参考"预算指标内部分解表"等资料进行

(3)"预算业务管理"中的"预算执行控制程度",主要评价预算分析执行情况。"预算执行分析的月份数",是指进行预算分析的月份数量;该指标建议参考"执行分析报告"等分析类资料进行填报。

(4)"预算业务管理"中的"绩效评价工作执行情况",主要评价预算绩效目标执行情况。"预算项目总数",参考"预算绩效目标设定比例"对应的数据一进行填报。"实际进行绩效评价的项目数",是指预算执行事后绩效评价目标审定项目。对于仅对部分内容进行绩效评价的项目,不计入实施绩效评价项目数。对于跨年度执行的预算项目,可以在统计中剔除。该指标建议参考"项目绩效评价报告"等资料进行填报。

(5)"收支业务管理"中的"非税收入管控情况",适用于存在非税收入上缴职能的单位。主要评价非税收入的行政事业单位。"应上缴非税收入",是指存在非税收入上缴职能的单位,按照规定项目和标准征收政府非税收入的金额;该指标建议单位根据非税收入相关规定结合本单位收入情况进行计算。"实际上缴非税收入",是指单位报告年度实际上交的非税收入;该指标建议参考"会计记录"等资料进行填报。

(6)"收支业务管理"中的"支出管控情况",是指报告单位"二下数"与预算实际执行金额,主要评价支出预算实际执行情况。"财政资金支出预算批复总金额",是指报告单位年度预算批复金额;该指标建议参考"预算调整记录、预算批复表"等资料进行填报。"财政资金实际执行支出金额",是指报告年度单位实际执行支出财政资金金额;该指标建议参考"决算报表"等资料进行填报。"财政资金支出表"等资料进行填报。

填报。

(7)"政府采购业务管理"中的"采购预算完成情况",主要评价采购预算实际执行情况。

"本年采购预算金额",是指本年度部门预算批复中的政府采购预算金额和预算执行中调剂的政府采购预算金额,包括货物合计、包括货物、工程、服务的政府采购预算金额。

"本年实际采购金额",是指依据政府采购预算,按照政府采购有关程序组织完成采购活动后的采购金额,包括货物、工程、服务的采购金额。

"本年采购预算金额"和"本年实际采购金额"建议参考本单位填报的"政府采购信息统计报表"进行填报。

(8)"资产管理"中的"国有资产安全性",主要评价单位发生的资产处置管理情况。

"处置资产入账价值",是指报告年度发生的资产处置事项的入账金额;该指标建议参考"资产处置清单、会计记录"等资料进行填报。

"合规处置资产入账价值",是指报告年度处置事项中按照资产处置要求执行的处置事项入账金额。资产处置要求包括:一是资产处置标准制定合理合规,被处置资产经论证满足处置要求;二是资产处置财务账与资产处置实物账严格按照审核审批程序办理处置手续,有相应的资产处置审批单予以佐证;三是资产处置实物账与资产处置财务账已进行账务处理;四是处置资产收入已登记入账目计价准确,严格按照外部制度规范及内部管理的要求;该指标建议参考"资产处置清单、会计记录"等资料进行填报。

(9)"资产管理"中的"资产配置预算完成率",主要评价资产配置预算完成情况。

"行政办公资产配置预算数",是指报告年度单位对于资产配置预算的预算数额;该指标建议参考"预算报表、预算指标内部分解表"等资料进行填报。

"行政办公资产配置总金额",是指报告年度单位在资产配置中的资产实际入账价值;该指标建议参考"资产配置账面价值(会计报表)、资产配置记录"等资料进行填报。

(10)"资产管理"中的"人均行政资产配置情况",主要评价行政资产配置管理情况。

"单位编制人数",是指经政府编制管理部门核定的人员编制数,包括工勤编制人数;该指标建议参考"三定方案"等资料进行填报。

"本年年底资产总额",是指2017年年底行政办公资产会计账面总金额。通用办公设备、家具资产范围参照《中央行政单位通用办公设备家具配置标准》相关规定;该指标建议参考"资产清查报告"等资料进行填报。

(11)"建设项目管理"中的"建设项目投资金控制情况",主要评价建设项目投资管理情况。

"批准的概算投资额",是指当期项目完工并办理项目决算的建设项目的概算投资额,既包括项目立项时批复的概算数,也包括在项目实施过程中项目变更导致的预算调整数;该指标建议参考"项目概算批复表"等资料进行填报。若

"建设项目决算投资额",是指单位当期建设项目决算金额;该指标建议参考"项目决算表"等资料进行填报。

单位评价期间不存在已完工项目,该指标作为不适用指标。

(12)"建设项目管理"中的"投资计划完成情况",主要评价建设项目投资计划完成情况。

"年度投资计划",是指以预算年度为统计口径的建设项目计划投资额;该指标建议参考"投资计划、预算报表"等资料进行填报。

"年度实际投资额",是指以预算年度为统计口径的建设项目实际投资额;该指标建议参考"工程结算记录、决算报表"等资料进行填报。

(13)"合同管理"中的"合同订立规范情况",主要评价合同订立管理情况。

"合同总个数",是指单位报告年度签订合同的数量;该指标建议参考"合同台账"等资料进行填报。

"合同审批个数",按照合同管理要求严格合同管理要求,合同审核审批应按照分级授权要求执行,重大合同的审核审批要有策划调查文件、会议纪要等文本作为佐证,其中,重大合同标准以各单位合同管理办法中确定的重大合同为标准;该指标建议参考"合同审批表、会议纪要"等资料进行填报。

三、经验、问题、计划和建议

1. "内部控制工作的经验、做法及取得的成效"栏中应主要填写单位在建立与实施内部控制的过程中总结出的经验、做法,以及在预算业务管理、收支业务管理、政府采购业务管理、资产管理、建设项目管理、合同管理等业务领域中建立与实施内部控制后取得的成效。

2. "内部控制工作中存在的问题与遇到的困难"栏中应主要填写单位在建立与实施内部控制过程中出现的问题、单位在自我评价过程中发现的问题以及工作中遇到的困难。纪检、巡视、审计、财政检查等外部检查发现的与本单位预算业务管理、收支业务管理、政府采购业务管理、资产管理、建设项目管理、合同管理等经济业务领域相关的内部控制问题,也应一并反映。

附件 2

行政事业单位内部控制报告管理制度（试行）

第一章 总 则

第一条 为贯彻落实党的十八届四中全会通过的《中共中央关于全面推进依法治国若干重大问题的决定》的有关精神，进一步加强行政事业单位内部控制建设，规范行政事业单位内部控制报告的编制、报送、使用及报告信息质量的监督检查等工作，促进行政事业单位内部控制信息公开，提高行政事业单位内部控制报告质量，根据《财政部关于全面推进行政事业单位内部控制建设的指导意见》（财会〔2015〕24号，以下简称《指导意见》）和《行政事业单位内部控制规范(试行)》（财会〔2012〕21号，以下简称《单位内部控制规范》）等，制定本制度。

第二条 本制度适用于所有行政事业单位。

本制度所称行政事业单位包括各级党的机关、人大机关、行政机关、政协机关、审判机关、检察机关、各民主党派机关、人民团体和事业单位。

第三条 本制度所称内部控制报告，是指行政事业单位在年度终了，结合本单位实际情况，依据《指导意见》和《单位内部控制规范》，按照本制度规定编制的能够综合反映本单位内部控制建立与实施情况的总结性文件。

第四条 行政事业单位编制内部控制报告应当遵循下列原则：

（一）全面性原则。内部控制报告应当包括行政事业单位内部控制的建立与实施、覆盖单位层面和业务层面各类经济业务活动，能够综合反映行政事业单位的内部控制建设情况。

（二）重要性原则。内部控制报告应当重点关注行政事业单位重点领域和关键岗位，突出重点、兼顾一般，推动行政事业单位围绕重点开展内部控制建设，着力防范可能产生的重大风险。

（三）客观性原则。内部控制报告应当立足于行政事业单位的实际情况，坚持实事求是，真实、完整地反映行政事业单位内部控制建立与实施情况。

（四）规范性原则。行政事业单位应当按照财政部规定的统一报告格式及信息要求编制内部控制报告，不得自行修改或删减报告及附表格式。

第五条　行政事业单位是内部控制报告的责任主体。

单位主要负责人对本单位内部控制报告的真实性和完整性负责。

第六条　行政事业单位应当根据本制度，结合本单位内部控制建立与实施的实际情况，明确相关内设机构、管理层级及岗位的职责权限，按照规定的方法、程序和要求，有序开展内部控制报告的编制、审核、报送、分析使用等工作。

第七条　内部控制报告编报工作按照"统一部署、分级负责、逐级汇总、单向报送"的方式，由财政部统一部署，各地区、各垂直管理部门分级组织实施并以自下而上的方式逐级汇总，非垂直管理部门向同级财政部门报送，各行政事业单位按照行政管理关系向上级行政主管部门单向报送。

第二章　内部控制报告编报工作的组织

第八条　财政部负责组织实施全国行政事业单位内部控制报告编报工作。其职责主要是制定行政事业单位内部控制报告的有关规章制度及全国统一的行政事业单位内部控制报告格式，布置全国行政事业单位内部控制年度报告编报工作并开展相关培训，组织和指导全国行政事业单位内部控制报告的收集、审核、汇总、报送、分析使用，组织开展全国行政事业单位内部控制报告信息质量的监督检查工作，组织和指导全国行政事业单位内部控制考核评价工作，建立和管理全国行政事业单位内部控制报告数据库等工作。

第九条　地方各级财政部门负责组织实施本地区行政事业单位内部控制报告编报工作，并对本地区内部控制汇总报告的真实性和完整性负责。其职责主要是布置本地区行政事业单位内部控制年度报告编报工作并开展相关培训，组织和指导本地区行政事业单位内部控制报告的收集、审核、汇总、报送、分析使用，组织和开展本地区行政事业单位内部控制报告信息质量的监督检查工作，组织和指导本地区行政事业单位内部控制考核评价工作，建立和管理本地区行政事业单位内部控制报告数据库等工作。

第十条 各行政主管部门（以下简称各部门）应当按照财政部门的要求，负责组织实施本部门行政事业单位内部控制报告编报工作，并对本部门内部控制汇总报告的真实性和完整性负责。其职责主要是布置本部门行政事业单位内部控制年度报告编报工作并开展相关培训，组织和指导本部门行政事业单位内部控制报告的收集、审核、汇总、报送、分析使用，组织和开展本部门行政事业单位内部控制报告信息质量的监督检查工作，组织和指导本部门行政事业单位内部控制考核评价工作，建立和管理本部门行政事业单位内部控制报告数据库。

第三章 行政事业单位内部控制报告的编制与报送

第十一条 年度终了，行政事业单位应当按照本制度的有关要求，根据本单位当年内部控制建设工作的实际情况及取得的成效，以能够反映内部控制工作基本事实的相关材料为支撑，按照财政部发布的统一报告格式编制内部控制报告，经本单位主要负责人审批后对外报送。

第十二条 行政事业单位能够反映内部控制工作基本事实的相关材料一般包括内部控制领导机构会议纪要、内部控制制度、流程图、内部控制检查报告、内部控制培训会相关材料等。

第十三条 行政事业单位应当在规定的时间内，向上级行政主管部门报送本单位内部控制报告及能够反映本单位内部控制工作基本事实的相关材料。

第四章 部门行政事业单位内部控制报告的编制与报送

第十四条 各部门应当在所属行政事业单位上报的内部控制报告和部门本级内部控制报告的基础上，汇总形成本部门行政事业单位内部控制报告。

第十五条 各部门汇总的行政事业单位内部控制报告应当以所属行政

事业单位上报的信息为准，不得虚报、瞒报和随意调整。

第十六条　各部门应当在规定的时间内，向同级财政部门报送本部门行政事业单位内部控制报告。

第五章　地区行政事业单位内部控制报告的编制与报送

第十七条　地方各级财政部门应当在下级财政部门上报的内部控制报告和本地区部门内部控制报告的基础上，汇总形成本地区行政事业单位内部控制报告。

第十八条　地方各级财政部门汇总的本地区行政事业单位内部控制报告应当以本地区部门和下级财政部门上报的信息为准，不得虚报、瞒报和随意调整。

第十九条　地方各级财政部门应当在规定的时间内，向上级财政部门逐级报送本地区行政事业单位内部控制报告。

第六章　行政事业单位内部控制报告的使用

第二十条　行政事业单位应当加强对本单位内部控制报告的使用，通过对内部控制报告中反映的信息进行分析，及时发现内部控制建设工作中存在的问题，进一步健全制度，提高执行力，完善监督措施，确保内部控制有效实施。

第二十一条　各地区、各部门应当加强对行政事业单位内部控制报告的分析，强化分析结果的反馈和使用，切实规范和改进财政财务管理，更好发挥对行政事业单位内部控制建设的促进和监督作用。

第七章　行政事业单位内部控制报告的监督检查

第二十二条　各地区、各部门汇总的内部控制报告报送后，各级财政部门、各部门应当组织开展对所报送的内部控制报告内容的真实性、完整性和规范性进行监督检查。

第二十三条　行政事业单位内部控制报告信息质量的监督检查工作采取"统一管理、分级实施"原则。中央部门内部控制报告信息质量监督检查工作由财政部组织实施，各地区行政事业单位内部控制报告信息质量监督检查工作由同级财政部门按照统一的工作要求分级组织实施，各部门所属行政事业单位内部控制报告信息质量监督检查由本部门组织实施。

第二十四条 行政事业单位内部控制报告信息质量的监督检查应按规定采取适当的方式来确定对象,并对内部控制报告存在明显质量问题或以往年份监督检查不合格单位进行重点核查。

第二十五条 各地区、各部门应当认真组织落实本地区(部门)的行政事业单位内部控制报告编报工作,加强对内部控制报告编报工作的考核。

第二十六条 行政事业单位应当认真、如实编制内部控制报告,不得漏报、瞒报有关内部控制信息,更不得编造虚假内部控制信息;单位负责人不得授意、指使、强令相关人员提供虚假内部控制信息,不得对拒绝、抵制编造虚假内部控制信息的人员进行打击报复。

第二十七条 对于违反规定、提供虚假内部控制信息的单位及相关负责人,按照《中华人民共和国会计法》《中华人民共和国预算法》《财政违法行为处罚处分条例》等有关法律法规规定追究责任。

各级财政部门及其工作人员在行政事业单位内部控制报告管理工作中,存在滥用职权、玩忽职守、徇私舞弊等违法违纪行为的,按照《公务员法》《行政监察法》《财政违法行为处罚处分条例》等国家有关规定追究相应责任;涉嫌犯罪的,移送司法机关处理。

第八章 附 则

第二十八条 各地区、各部门可依据本制度,结合工作实际,制定相应的实施细则。

第二十九条 本制度自 2017 年 3 月 1 日起施行。

参考文献

[1] 魏明,夏立均,贾玉凤.事业单位内部控制与管理[M].经济科学出版社,2014.

[2] 刘永泽.行政事业单位内部控制制度设计操作指南[M].东北财经大学出版社,2013.

[3] 王德敏.行政事业单位内部控制精细化管理全案[M].中国劳动社会保障出版社,2010.

[4] 刘永泽,唐大鹏.行政事业单位内部控制实务操作指南(第三版)[M].东北财经大学出版社,2016.

[5] 陈国青,郭迅华,马宝群.管理信息系统——原理、方法与应用[M].高等教育出版社,2014.

[6] 方周文,张庆龙.行政事业单位内部控制规范讲解[M].立信会计出版社,2013.

[7] 财政部会计司,中国会计报社.行政事业单位内部控制建设:理论与实践[M].经济科学出版社,2015.

[8] 郝建国,陈胜华,王秋红.行政事业单位内部控制规范实际操作范本[M].中国市场出版社,2015.

[9] 光娅.干部培训财务收支内部控制流程设计[J].财会月刊,2015(5):58-62.

[10] 张红岩.关于如何加强行政事业单位往来资金管理的思考[J].财经界,2016(3):63-64.

[11] 崔炜.基于加强行政事业单位往来资金管理的探讨[J].财经界,2015(19):180-181.

［12］邵东华. 行政事业单位往来资金管理刍议［J］. 商业会计，2016（9）：15-18.

［13］郭瑜. 中央行政事业单位资金往来结算票据管理探析——以中国热带农业科学院为例［J］. 热带农业工程，2014（10）：55-57.

［14］胡家宾. 浅议行政事业单位实物资产的管理对策［J］. 管理事业，2014（8）：174-175.

［15］王崴. 行政事业单位实物资产管理探析［J］. 财经界，2017（1）：158-178.

［16］张胜利. 事业单位实物资产控制小议［J］. 时代金融，2015（3）：178-180.

［17］王春松. 科学事业单位固定资产管理问题探讨——以中国科学院为例［J］. 财务与会计，2018（8）：95-99.

［18］徐亚莉. 对加强事业单位工程项目财务管理的几点建议［J］. 行政事业资产与财务，2013（8）：127.

［19］吕维锋，吴佳颖. 工程项目验收管理研究［J］. 项目管理技术，2011（9）：66-70.

［20］孙孝莒. 公共事业单位建设工程项目招投标管理探讨［J］. 江西建材，2016（2）：255-258.

［21］李兢. 基于内控视角下的事业单位预算管理措施分析［J］. 财会学习，2018（11）：52-53.

［22］余文君. 内部控制在行政事业单位预算管理中的应用［J］. 行政事业资产与财务，2018（4）：39-40.

［23］周爽. 浅谈基层事业单位如何做好工程项目内部控制［J］. 现代经济信息，2016（5）：43.

［24］童晓. 浅谈农业科研事业单位基建工程项目管理［J］. 农村经济与科技，2010，21（8）：154-155.

［25］廖幸. 如何提高科研事业单位工程建设项目管理能力［J］. 财经界（学术版），2011（7）：83.

[26] 赵亚平. 事业单位工程建设项目内部控制问题浅析 [J]. 审计与理财, 2016 (8): 33-34.

[27] 张琳, 叶超, 于洛. 事业单位基建工程审计风险及内部控制 [J]. 中国内部审计, 2015 (11): 13-16.

[28] 宫莹. 财政内控管理与信息化应用实践 [N]. 中国会计报, 2015 (5).

[29] 路晓颖. 公益二类事业单位人力资源内部控制研究 [J]. 人力资源管理, 2016 (10): 33-34.

[30] 刘春宝. 人力资源管理在事业单位内部控制中的作用 [J]. 北方经贸, 2015 (6): 255-256.

[31] 章雯华. 试析大数据背景下高校信息化内部控制建设 [J]. 财会月刊, 2017 (22): 23-27.

[32] 封坤, 穆昭. 大数据时代下对企业内部控制的思考 [J]. 山东纺织经济, 2017 (1): 11-14.

[33] 向新进. C高校内部控制研究 [D]. 北京: 中国地质大学, 2017.

[34] 韦斌. 公路事业单位预算内部控制的探讨 [D]. 长安大学, 2014.

[35] 王琳. 行政事业单位内部控制研究 [D]. 首都经济贸易大学, 2017.

[36] 彭勃. A市某农业事业单位预算管理研究 [D]. 华东理工大学, 2017.

[37] 杨秀婧. Z公路局预算业务内部控制研究 [D]. 中国财政科学研究院, 2017.

[38] 梅思倩. 事业单位人力资源内部控制研究 [D]. 广东财经大学, 2015.

[39] 《行政事业单位内部控制规范(试行)》

[40] 《中华人民共和国现金管理暂行条例》

［41］《政府会计准则——基本准则》

［42］《政府会计制度——行政事业单位会计科目和报表》

［43］《黑龙江省事业单位内部控制应用指引》

［44］搜狐新闻网，http：//news.sohu.com/

［45］财政部网站，http：//www.mof.gov.cn/index.htm.

后　记

　　管理学大师亨利·法约尔（Henry Fayol）在 100 年前就提出管理的五大功能，即计划、组织、指挥、协调和控制，控制作为管理的功能被明确提出，并在以后的管理实践中被不断强化和拓展。从一定意义上说，管理的过程就是控制的过程。因此，控制既是管理的一项重要职能，又贯穿于管理的全过程。在组织内部，为有效执行组织战略、实现组织目标、保护资产的安全完整、保证会计信息资料的正确可靠、保证活动和资源使用的经济性、效率性和效果性而主动采取的自我调整、约束、规划、评价和控制的一系列方法、手段与措施被称为内部控制。内部控制既是管理的职能和内在要求，又是管理的重要方法。内部控制也是社会经济发展的必然产物，它随着外部竞争的加剧和内部强化管理的需要而不断丰富和发展。

　　在我国，事业单位主要在教育、科技、文化、卫生等领域从事社会服务活动，分布广泛、数量众多。事业单位有两个明显特征：一是事业单位不以营利为目的，二是利用国有资产设立并向社会公众提供服务。2012 年，财政部印发《行政事业单位内部控制规范（试行）》，《规范》包括总则、风险评估和控制方法、单位层面内部控制、业务层面内部控制、评价与监督、附则等内容，自 2014 年 1 月 1 日起施行以来，我国事业单位内部控制建设迎来了一个新的阶段。2017 年，财政部《行政事业单位内部控制报告管理制度（试行）》的出台，进一步强化了事业单位内部控制建设的报告和考评机制。从这几年的实践来看，事业单位强化内部控制建设的意识逐步增强，管理更加注重规范性和风险的管控，但仍大量存在内部控制体系设计不完善、内部控制制度执行较弱、控制效果不明显等问题。我国事业单位的内部控制才刚刚起步，发展的路还很长。

后 记

本书编写的目的是为事业单位的财务人员和其他管理者提供一本可读性强、容易理解、内容更加细化的内部控制实践参考书。在书的内容上，坚持从实用出发，将规范要求、内部控制研究成果及内部控制案例有效融合，形成涵盖事业单位预算、收入、支出、采购、工程项目、货币资金、往来资金、实物资产、人力资源、信息系统等主要业务和管理活动的内部控制体系构建参考指南，既有具体业务风险的分析和梳理，也有具体控制方法和措施的说明，力求做到简明实用。为说明问题，全书在相关章节附加案例或参考资料20余篇，对2017年施行的内部控制报告也专门做了论述。本书从2016年立项至2018年完成出版，前后多次改稿，多位作者通力合作，得以最终编著完成。本书共分十三章，杨武岐拟定了全书编写提纲，撰写了本书的主要章节并完成全书统稿。田亚明完成第11、12章的撰写并完成全书内容核校工作，在案例素材整理方面多有贡献。付晨璐完成第4、5、6章的撰写。王樯、张海燕参与本书第7~10章的撰写。

感谢河北地质大学对本书写作给予的支持！在此也要感谢中国经济出版社及本书的责任编辑师少林先生，始终以耐心、鼓励、严谨的专业风范和合作精神关注本书的撰写和完善，为本书的出版铺平了道路。本书撰写过程中参考了国内外许多文献，借鉴了一些专家学者的研究成果，参考了部分已公开的内部控制制度和实施资料，在此对相关作者和单位一并表示感谢！

由于本书涉及内容较多，加之资料收集、写作时间及写作水平的局限，书中部分内容只能蜻蜓点水，难以达到全面和深入，甚至一些疏漏和错误也在所难免，希望各位专家和读者给予批评指正。

杨武岐

2018年9月